21 世纪高等院校创新课程规划教材

会计学原理学习指导与训练

纪映红　王　通　主编

中国财经出版传媒集团
经济科学出版社
Economic Science Press

图书在版编目（CIP）数据

会计学原理学习指导与训练/纪映红，王通主编.
—北京：经济科学出版社，2021.4（2024.7重印）
21世纪高等院校创新课程规划教材
ISBN 978-7-5218-2320-2

Ⅰ.①会… Ⅱ.①纪…②王… Ⅲ.①会计学－高等学校－教学参考资料 Ⅳ.①F230

中国版本图书馆CIP数据核字（2021）第013576号

责任编辑：周胜婷
责任校对：郑淑艳
责任印制：张佳裕

会计学原理学习指导与训练

纪映红　王　通　主编
经济科学出版社出版、发行　新华书店经销
社址：北京市海淀区阜成路甲28号　邮编：100142
总编部电话：010-88191217　发行部电话：010-88191522
网址：www.esp.com.cn
电子邮箱：esp@esp.com.cn
天猫网店：经济科学出版社旗舰店
网址：http://jjkxcbs.tmall.com
北京季蜂印刷有限公司印装
787×1092　16开　10.75印张　250000字
2021年4月第1版　2024年7月第2次印刷
ISBN 978-7-5218-2320-2　定价：36.00元
（图书出现印装问题，本社负责调换。电话：010-88191510）
（版权所有　侵权必究　打击盗版　举报热线：010-88191661
QQ：2242791300　营销中心电话：010-88191537
电子邮箱：dbts@esp.com.cn）

本书编写委员会

主　　　编：纪映红　王　通
副　主　编：陈来双　叶祥北
编委会成员：
　　　　　　霍增辉　刘利群　李曼妮　杜巨玲
　　　　　　纪映红　王　通　陈来双　叶祥北
　　　　　　郭志勇　洪燕平　许文强　田茂华
　　　　　　程晓俊　余雅滨　徐　畅　张欣阳

前　言

近几年财政部对部分企业会计准则重新进行了修订，结合新准则及其应用指南的中心思想，中国计量大学组织有多年丰富教学经验的一线教师团队，编写了教材《会计学原理》，并由经济科学出版社出版。教材在出版发行后得到了广大读者的认可。为帮助学习者更好地学习会计学原理，使学习者能及时掌握最新的会计基本理论、方法和思想，提高准确理解会计基本知识的能力，更好地贯彻和执行新的企业会计准则，我们编写了这本《会计学原理学习指导与训练》。本书是由经济科学出版社出版、纪映红和王通主编的《会计学原理》的配套学习辅导教材。

《会计学原理学习指导与训练》依据《会计学原理》教材的内容，继续秉承简洁、通俗易懂的特色，按照会计基本理论篇、会计循环过程篇和综合测试篇的逻辑结构搭建本书的体系。各章节对相关会计理论的重点、难点知识进行了详细解析，围绕各知识点以不同题型对知识点进行训练，最后通过跨章节的综合测试题，帮助学习者实现自我测试、发现学习过程中存在的思维误区并予以纠正。本书力求做到实用性与理论性相统一，非常适合学习者课后的复习与巩固，帮助学习者更加准确地掌握会计学原理的基本知识。本书既可以作为学习《会计学原理》的配套教材，也可以作为会计学相关知识学习者的参考书。

全书的框架、思路和体系由纪映红、王通负责，后期的统稿工作由纪映红、王通承担。各章的编写人员分工如下：前言、第一章、第二章、第三章由纪映红编写；第四章由叶祥北、纪映红编写；第五章、第六章、第七章由王通编写；第八章、第九章由陈来双、王通编写；综合测试题和参考答案由叶祥北、陈来双编写。

在本书的编写过程中，编者参阅了许多国内外著作和文章，宋承发先生收集整理了读者的建议，经济科学出版社的编辑认真负责地进行编辑，这里谨向他们表示深深的敬意和由衷的感谢！由于编者学识与水平有限，书中如有疏漏之处，恳切希望广大同仁和读者对本书提出宝贵的意见和建议，以便修订完善。

编　者

2021 年 1 月 20 日

目 录

第一篇 会计基本理论

第一章 绪论 1
学习的主要内容 1
本章的重点难点 1
练习题 3

第二章 会计要素和会计等式 8
学习的主要内容 8
本章的重点难点 8
练习题 11

第三章 会计科目、会计账户与复式记账 18
学习的主要内容 18
本章的重点难点 18
练习题 23

第四章 制造业企业基本经济业务及核算 33
学习的主要内容 33
本章的重点难点 33
练习题 41

第二篇 会计循环过程

第五章 会计凭证 51
学习的主要内容 51
本章的重点难点 51
练习题 52

第六章 会计账簿 60
学习的主要内容 60

本章的重点难点 ······ 60
　　练习题 ······ 63

第七章　财产清查 ······ 69
　　学习的主要内容 ······ 69
　　本章的重点难点 ······ 69
　　练习题 ······ 71

第八章　财务会计报告和财务报表 ······ 79
　　学习的主要内容 ······ 79
　　本章的重点难点 ······ 79
　　练习题 ······ 85

第九章　账务处理程序 ······ 93
　　学习的主要内容 ······ 93
　　本章的重点难点 ······ 93
　　练习题 ······ 95

第三篇　综合测试

综合测试一 ······ 99

综合测试二 ······ 102

综合测试三 ······ 105

综合测试四 ······ 108

综合测试五 ······ 111

综合测试六 ······ 115

综合测试七 ······ 118

综合测试八 ······ 122

练习题参考答案 ······ 125

综合测试参考答案 ······ 149

参考文献 ······ 163

第一篇 会计基本理论

第一章 绪 论

学习的主要内容

主要内容：会计的概念，会计的发展与特点；会计假设、会计基础和会计信息质量要求的基本内容；会计的职能，会计的目标以及实现的手段；会计核算的基本步骤、程序与方法；会计法、企业会计准则、企业会计制度等会计法规体系的基本框架与基本内容。

基本要求：了解会计的概念、会计的发展与特点；掌握会计假设、会计基础和会计信息质量要求的基本内容；理解会计的职能、会计的目标以及实现的手段；掌握会计核算方法的基本步骤、程序以及各步骤之间的内在关系；了解会计法、企业会计准则、企业会计制度等会计法规体系的基本框架与基本内容。

本章的重点难点

1. 会计的基本职能及其关系

（1）会计的基本职能是核算和监督。会计的核算职能是指会计在客观上能够对会计信息进行确认、计量、记录和报告，以反映会计主体的经济活动及其结果，为经济管理提供经济信息。

会计的监督职能是指会计在客观上能够按照一定的目的和要求，对会计主体的经济活动实行有效的控制，以达到预期的目标。

（2）核算和监督的关系。会计核算和会计监督是相辅相成、不可分割的辩证统一。会计核算是会计的首要职能，是会计监督的基础；没有会计核算，会计监督则失去存在的基础。会计监督是会计核算的延伸，没有会计监督，会计核算则失去存在的价值。

2. 会计主体和法律主体的区别

会计主体一般满足以下条件：第一，自主经营，自负盈亏；第二，独立核算和编制财务会计报告。是否具有法人地位并不是会计主体必要的条件。一般而言，所有法律主体都是会计主体，而会计主体并不一定都是法律主体。

3. 会计基础：权责发生制和收付实现制的正确认识

（1）权责发生制和收付实现制的关系。两者的联系：在会计分期假设的前提下，两者是确认、计量和报告经济活动产生的收支是否归属本期或者非本期的基本原则。两者的区别：确认收入或者费用是否归属本期或非本期的标准不同。

（2）权责发生制的主要内涵。权责发生制又称为应收应付制，是按照经济活动所表现的权利或责任，来确认收入和费用的归属期。

按权责发生制的要求，凡是当期已经实现的收入和已经发生或应当负担的费用，不论款项是否收付，都应当作为当期的收入和费用；凡是不属于当期的收入和费用，即使款项已在当期收付，也不应当作为当期的收入和费用。

（3）收付实现制的主要内涵。收付实现制又称为现收现付制，是按照经济活动产生的款项是否收到或支付，来确认收入和费用的归属期。

按收付实现制的要求，凡是当期已经实现的收入或应承担的费用，若款项没有收到或支付，都不应该作为当期的收入或费用进行会计核算；反之即使不属于本期实现的收入和费用，但款项在本期收到或付出，都应该作为本期的收入与费用。

例如，某民营企业3月20日采用赊销方式销售产品60 000元，6月20日收到货款存入银行。按权责发生制核算时，该项收入应确认为3月份的收入；按收付实现制核算时，该项收入应确认为6月份的收入。

4. 会计信息质量要求中"实质重于形式原则"的理解

实质重于形式原则是指企业应当按照交易或事项的经济实质进行会计核算，而不应当仅仅按照他们的法律形式作为会计核算的依据。例如，会计主体融资租入的固定资产，按照实质重于形式的原则，应该作为会计主体的资产进行确认计量和报告。

5. 会计核算方法及流程

会计核算方法包括设置账户、复式记账、填制和审核会计凭证、登记会计账簿、成本计算、财产清查、编制财务会计报告七个方面的内容。会计核算方法的流程如图1-1所示。

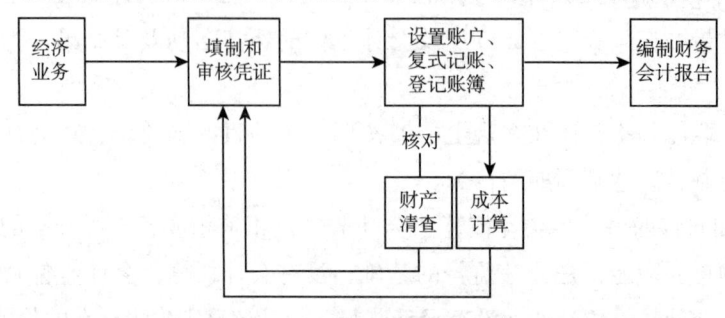

图1-1 会计核算方法的流程

练习题

一、单项选择题

1. 我国会计年度的起止时间是（　　）。
   A. 公历的 1 月 1 日起至 12 月 31 日　　B. 农历的正月初一起至十二月三十
   C. 由会计主体自行确定　　D. 公历 10 月 1 日起至次年 9 月 30 日
2. 我国会计规范体系的最高层次是（　　）。
   A. 宪法　　B. 会计法
   C. 企业会计准则　　D. 企业会计制度
3. 在我国，企业会计准则是由（　　）制定的。
   A. 中国会计学会　　B. 审计署
   C. 财政部　　D. 国家税务总局
4. 我国企业应以（　　）为基础进行会计确认、计量和报告。
   A. 可靠性　　B. 实质重于形式
   C. 收付实现制　　D. 权责发生制
5. （　　）前提明确了会计工作的空间范围。
   A. 会计主体　　B. 持续经营
   C. 会计客体　　D. 会计分期
6. 会计核算具有（　　）的特点。
   A. 完整性　　B. 连续性
   C. 系统性　　D. 完整性、连续性和系统性
7. 我国会计核算使用的记账本位币一般是（　　）。
   A. 港元　　B. 欧元　　C. 美元　　D. 人民币
8. 会计的基本职能是（　　）。
   A. 预算和核算　　B. 核算和监督
   C. 核算与记录　　D. 核算和反映
9. 企业发生的以下业务中，不属于会计核算范围的是（　　）。
   A. 从银行提取现金　　B. 发放职工工资
   C. 向供应商购买原材料　　D. 与其他单位签订合同
10. 20××年 5 月 30 日销售一批产品价款 80 000 元，7 月 30 日收到货款。按照权责发生制进行核算时，该项收入属于（　　）。
    A. 20××年 5 月　　B. 20××年 6 月
    C. 20××年 7 月　　D. 20××年 4 月
11. （　　）前提明确了会计工作的时间范围。

— 3 —

A. 会计主体　　　　B. 持续经营　　　　C. 会计客体　　　　D. 货币计量

12. 20××年10月30日，某企业采用赊销方式销售产品70 000元，12月30日收到货款。按照收付实现制核算时，该项收入属于（　　）。

A. 20××年9月　　　　　　　　　　　B. 20××年10月

C. 20××年11月　　　　　　　　　　　D. 20××年12月

13. 会计在客观上对会计信息进行确认、计量、记录和报告，以反映会计主体的经济活动及其结果，为经济管理提供经济信息的职能是（　　）。

A. 会计核算职能　　　　　　　　　　B. 会计计划职能

C. 会计分析职能　　　　　　　　　　D. 会计监督职能

14. 审核原始凭证体现了会计的（　　）。

A. 预测职能　　　B. 核算职能　　　C. 监督职能　　　D. 分析职能

15. 会计主要是利用（　　），综合反映各单位的经济活动情况。

A. 货币量度　　　　　　　　　　　　B. 实物量度

C. 劳动量度　　　　　　　　　　　　D. 货币、实物和劳动量度

16. 会计核算时不得多计资产或收益，少计负债或费用，这项原则是（　　）。

A. 实质重于形式原则　　　　　　　　B. 可靠性原则

C. 相关性原则　　　　　　　　　　　D. 谨慎性原则

17. 下列不属于会计核算四大基本假设的是（　　）。

A. 会计分期　　　B. 货币计量　　　C. 会计计量　　　D. 会计主体

18. 会计的目标是（　　）。

A. 为信息使用者提供决策有用的信息　　B. 保证国家财经政策的落实

C. 监督企业经营者依法行事　　　　　　D. 记录企业的会计业务

19. 按权责发生制原则的要求，下列货款应确认为本月收入的是（　　）。

A. 本月销售产品，但款项尚未收到

B. 收到上月的销售货款，存入银行

C. 收到下一年厂房租金，存入银行

D. 本月预收下月货款，存入银行

20. 不同企业发生相同或者相似的交易或者事项，应当采用规定的会计政策，这体现了会计核算中的（　　）。

A. 可靠性原则　　　　　　　　　　　B. 可比性原则

C. 可理解性原则　　　　　　　　　　D. 谨慎性原则

二、多项选择题

1. 我国的企业会计准则分为（　　）两个层次。

A. 基本准则　　　B. 特殊准则　　　C. 一般准则　　　D. 具体准则

2. 按权责发生制原则核算时，下列各项收入中应归属于本年度的包括（　　）。

A. 本年度销售产品，本年度收到货款

B. 收到以前年度销售产品的货款

C. 本年度销售产品，货款上年度已预收

D. 本年度出租设备，租金上年度已预收

E. 本年度销售产品，货款将于下年度收到

3. 根据权责发生制原则，下列各项中属于本期收入和费用的包括（　　）。

A. 本期销售产品货款当期收到　　　B. 以银行存款支付的下期水电费

C. 本期收到的上期销货款　　　　　D. 本期的固定资产折旧费

E. 本期预收的下期销货款

4. 会计核算的四大基本前提包括（　　）。

A. 会计主体假设　　　　　　　　　B. 货币计量假设

C. 独立核算假设　　　　　　　　　D. 会计分期假设

E. 持续经营假设

5. 与会计活动的时间有关的假设包括（　　）。

A. 货币计量　　　　　　　　　　　B. 会计分期

C. 持续经营　　　　　　　　　　　D. 法律主体

6. 下列各项中属于会计核算方法的有（　　）。

A. 会计分析　　　　　　　　　　　B. 设置会计科目和账户

C. 复式记账　　　　　　　　　　　D. 填制和审核会计凭证

E. 成本计算

7. 下列属于会计信息质量要求的有（　　）。

A. 权责发生制原则　　　　　　　　B. 重要性原则

C. 实质重于形式原则　　　　　　　D. 及时性原则

8. 会计信息使用者有（　　）。

A. 企业投资者　　　　　　　　　　B. 企业债权人

C. 企业管理层　　　　　　　　　　D. 企业职工

9. 我国的会计期间可划分为（　　）。

A. 年度　　　　B. 半年度　　　　C. 季度　　　　D. 月度

10. 下列属于会计职业道德规范内容的有（　　）。

A. 坚持准则　　B. 客观公正　　　C. 参与管理　　　D. 诚实守信

三、判断题

1. 及时性原则是指对于已经发生的交易或者事项，应当及时进行会计确认、计量和报告，不得提前或者延后。（　　）

2. 当币值相对稳定的情况下，货币计量假设才能成为会计进行正确核算的前提。（　　）

3. 不同的企业由于经营特点各异，因此会计期间也各不相同。（　　）

4. 按照《企业会计准则》的规定，我国的企业应当以权责发生制为基础进行记账。（　）

5. 会计期间基本假设是产生"权责发生制"和"收付实现制"的原因。（　）

6. 会计分期的划分不同，计算的利润总额也会不同。（　）

7. 国际会计准则是所有国家都必须遵循的统一会计准则。（　）

8. 会计主要是利用实物量度来反映单位的经济活动和资金运动。（　）

9. 会计的监督职能是指会计在客观上能够按照一定的目的和要求，对会计主体的经济活动实行有效的控制，以达到预期的目标。（　）

10. 如果企业破产了，那么以持续经营为前提的会计准则对其便不再适用。（　）

11. 会计主体一定是法律主体。（　）

12. 相对于其他计量单位，货币计量单位是会计核算最基本和最主要的计量单位。（　）

13. 持续经营假设为会计核算规定了空间范围。（　）

14. 会计的基本职能是核算和监督，其中会计核算是会计监督的基础，会计监督是会计核算的延伸。（　）

15. 会计在核算时必须同时运用货币、劳动和实物三种单位进行计量。（　）

16. 会计核算方法是通过对一定期间会计主体发生的经济活动进行记录、计算和加工，提供有关会计主体当期经营成果、现金流量和期末财务状况等信息所应用的方法。（　）

17. 分公司不能作为会计主体。（　）

18. 如果确定本期收入和费用是按收入和费用权责的实际发生时间为标准，而不是以款项是否收到为标准，这种记账制度叫权责发生制。（　）

19. 我国的《会计法》和《企业会计准则》两者法律地位相同。（　）

20. 会计主体是指会计工作为其服务的特定单位或组织。（　）

四、简答题

简述权责发生制和收付实现制的含义。

五、业务处理题

假设光明公司从事电器维修服务，20××年2月份发生下列经济业务：

（1）收到甲公司支付的修理费2 000元，光明公司已在上月为其修理完工一批电器；

（2）为乙公司修理电器一台，修理费2 500元已于上月收取；

（3）为丙公司修理电器两台，修理费2 000元尚未收到；

（4）收到由丁公司支付的修理费1 800元，预计在下月为其修理电器；

（5）本月应付职工工资2 000元，尚未支付；

（6）用现金支付本月日常杂费500元。

要求：根据资料中提供的有关数据，按照权责发生制和收付实现制分别计算光明公司2月份的收入、费用和利润（直接在下表填列即可）。

权责发生制和收付实现制对比　　　　　　　　　　　　　　　　单位：元

经济业务	权责发生制		收付实现制	
	收入	费用	收入	费用
（1）收到由甲公司支付的修理费 2 000 元，光明公司已在上月为其修理完工一批电器				
（2）为乙公司修理电器一台，修理费 2 500 元已于上月收取				
（3）为丙公司修理电器两台，修理费 2 000 元尚未收到				
（4）收到由丁公司支付的修理费 1 800 元，预计在下月为其修理电器				
（5）本月应付职工工资 2 000 元，尚未支付				
（6）用现金支付本月日常杂费 500 元				
利润				

第二章　会计要素和会计等式

学习的主要内容

主要内容：会计对象、会计要素的概念；资产、负债、所有者权益、收入、费用、利润六大会计要素的概念以及确认条件；资产、负债和所有者权益之间的基本关系，收入、费用和利润之间的基本关系，以及经济业务的发生对会计基本等式的影响；会计确认中有关会计计量属性的选择等。

基本要求：理解会计对象的概念以及在实务中的具体表现，掌握会计对象和会计要素的关系。掌握资产、负债、所有者权益、收入、费用、利润会计六大要素的概念以及确认条件。掌握资产、负债和所有者权益之间的基本关系，掌握收入、费用和利润之间的基本关系，理解经济业务的发生对会计基本等式的影响。了解历史成本、重置成本、可变现净值、现值以及公允价值等会计计量属性的含义，掌握历史成本在会计核算中的应用。

本章的重点难点

1. 正确理解资产要素概念中的"拥有或者控制的资源"

作为初学者，要正确理解资产要素概念中，"拥有或者控制的资源"的真正含义。资产是指企业过去的交易或事项形成的、由企业拥有或控制的、预期会给企业带来经济利益的资源。必须是企业拥有的或控制的资源是资产的一个重要特点。

资产作为一种资源，必须是企业拥有的，或者即使不为企业所拥有，也应该是企业所能控制的。具体来说，企业拥有资产，是指能够享有某项资源的所有权，这表明企业能够排他性地从资产中获得经济利益；在有些情况下，对于某项资源，企业虽然不享有所有权，但是由于企业能够支配这些资产，因此，同样能够排他性地从资产中获得经济利益。例如，企业以融资方式租入的固定资产，尽管企业并不拥有固定资产的所有权，但以融资租赁的方式获得的固定资产，由于其资产租赁期接近于该固定资产的使用寿命，结果表明企业不但能控制该资产的使用，同时也毫无争议地取得使用该资产应获取的经济利益。因此，对于融资租入的固定资产，即使企业没有完全拥有该项资产的所有权，但表现为企业控制的资源，在这种情况下，也应当作为企业的资产确认、计量和报告。

2. 负债要素和所有者权益要素的区别

负债要素和所有者权益要素，两者是企业在不同方向上，获取资产的两个来源。二者在四个方面存在着本质的不同（见表2-1）。

表2-1　　　　　　　　　　　负债要素和所有者权益要素的区别

比对项目	负债要素	所有者权益要素
企业对应的利益关系者	债权人	投资者（或股东）
性质	负债反映的是企业与其债权人的契约关系	所有者权益反映的是企业与其投资者（或股东）的契约关系
偿还期限	（1）有偿还期限，企业到期必须还本付息给债权人； （2）一旦不能偿付，企业面临破产、清算的财务风险	（1）没有偿还期限，一般不需要偿还给投资者； （2）对于企业来说是一种永久性的资本，没有破产、清算的财务风险
企业与对应利益关系者之间应承担的义务和享有的权利	（1）对于负债，企业拥有在一定契约期限中对负债资金（本）的经营、管理等使用的权益； （2）债权人具有按期收回本金和利息的权利； （3）债权人并不具有企业经营管理权和利润分享权	（1）对于所有者权益，企业拥有永久性的对所有者权益资本的经营、管理等使用的权益； （2）投资者（股东）投入的资本，通常情况下不得抽回，除非企业破产、清算，投资者（股东）才具有剩余（清偿负债后）财产的要求权； （3）投资者（股东）具有经营管理权和利润分享权

3. 正确理解收入要素概念中的"日常经营活动"

收入是指企业在日常经营活动中形成的、会导致所有者权益增加的、与所有者投入资本无关的经济利益的总流入。在收入的概念中，强调了经济利益的总流入是企业在日常经营活动中形成的，应从下面几个方面正确理解"日常经营活动"。

（1）日常经营活动是指企业完成其经营目标所从事的经常性活动以及与之相关的活动。按照日常经营活动在企业所处的地位，日常经营活动可以分为主营业务活动和其他业务活动。其中主营业务活动是企业为完成其经营目标而从事的日常活动中的主要项目，例如工业企业制造并销售产品、提供劳务等活动。其他业务活动是指企业为完成其经营目标而从事的日常活动中的次要项目，例如出售多余原材料、固定资产出租等活动。

（2）收入只有在日常经营活动中才能形成，凡是日常经营活动所形成的经济利益的流入应当确认为收入；反之，从偶发的交易或事项中产生的非日常经营活动所形成的经济利益的流入不应确认为收入。例如，固定资产出租获取的租金收入，属于日常活动所形成的流入，应确认为收入；非日常经营活动形成的经济利益流入不应确认为收入，而应当确认为利得，直接使企业的利润增加。

（3）综上，根据定义，收入具有的特点之一是，其在企业的日常活动中形成，也就是说，偶然获得的、即使满足收入其他条件的总流入，也不能作为会计主体的收入进行确认。

4. 利润要素中营业利润、利润总额以及净利润的区别

对于初学者，对利润要素的理解，首要从对其基本概念的理解出发。在此基础上，既要建立利润要素具有不同的结构（分为营业利润、利润总额以及净利润）的思想，同时也要建立营业利润、利润总额以及净利润有本质差别的认知。

利润是反映企业经营成果的会计要素之一。通常，按其内容及构成不同，可以将利润分为营业利润、利润总额和净利润，三者反映、评价企业经营成果的侧重点不同。

（1）营业利润侧重反映企业日常经营活动的盈余及利润情况。

（2）利润总额侧重反映企业全部经营活动的盈余及利润情况，该盈余既包括企业日常经营活动的利润贡献，也包括偶发事件发生后的利润贡献。

（3）净利润侧重反映企业履行国家纳税义务（缴纳企业所得税）后，在一定的会计期间取得的最终利润水平。

综上所述，企业营业利润、利润总额和净利润三者有本质的差别。因此，基于全面、科学的管理视角，评价企业经营成果的利润水平以及利润水平的质量如何等问题，需要从利润的构成及结构全面展开讨论，这就是财会学术领域中所谓的收益及收益质量的问题。在目前的经济环境下，收益及收益质量的问题，是当下企业在谋求更好发展过程中不可忽略的财务管理问题。经营管理者在科学管理企业的过程中，应侧重关注此类问题以及其变化趋势，不断改善企业的收益结构和质量，使其趋于良好的状态，最终实现企业价值最大化，提高经济效益。

5. 会计基本等式"资产 = 负债 + 所有者权益"的内涵

（1）等式中资产和权益之间的平衡关系，反映了资产、负债和所有者权益三个要素之间的联系和基本数量关系，表明了会计主体在某一特定时点（静态）所拥有的各种资产，债权人和投资者对企业资产要求权的基本状况。

（2）资产和权益之间的平衡关系的正确数学表达式为"资产 = 负债 + 所有者权益"，按照负债和所有者权益对应利益关系者享受其权利的优先程度，等式不能写成"资产 = 所有者权益 + 负债"，两者的排序不能颠倒。这是很多初学者往往容易忽略的知识点，要注意其中的误区。

（3）资产和权益之间的平衡关系的本质内涵是指，企业交易或事项的发生，仅仅表现在数量上影响企业的资产、负债或所有者权益的同时增减变化，而始终不会破坏这一平衡关系。同时需要指出的是，一旦经济业务发生，则对该等式的影响具体表现为两种类型：第一，有可能会导致等式两边的数量发生增减变化；第二，也可能影响的范围仅发生在等式的一边。但这两种类型的最终结果都不会破坏恒等关系。因此，作为初学者，要正确理解不管经济业务如何发生，会计等式从根本上始终保持平衡关系这一关键点。

例如，浙江省某民营企业发生以下两个经济业务：

①某日，从银行取得短期借款200 000元，存入银行。

该业务发生，一方面使得企业的资产（银行存款）增加200 000元，同时使得企业的负债（短期借款）也增加200 000元，这种影响就发生在等式的两边，使得企业等式两边的相关数额从数量上发生了增减变化，但没有破坏恒等关系，等式仍然保持平衡关系。

②某日，从银行取出现金200 000元。

该业务发生，一方面使得企业的一项资产（库存现金）增加200 000元，同时使得企业的另一项资产（银行存款）减少200 000元，这种影响就发生在等式的一边，会计等式两边的相关数额从总量上也没有发生改变，没有破坏恒等关系，等式仍然保持平衡。

因此，有初学者将会计等式简单地理解为："所有经济业务的发生都会引起会计等式两边发生变化"，这明显是不对的，是对会计等式及其内涵的错误认知。

（4）会计等式科学地揭示了企业的产权关系和资金关系，它是复式记账、试算平衡和编制资产负债表等会计方法的理论依据。

6. 会计计量属性：历史成本的应用

按照我国企业会计准则的规定，企业对会计要素的金额进行计量时，一般应当采用历史成本进行计价。采用重置成本、可变现净值、现值、公允价值计量的，应当保证所确认的会计要素金额能够取得并可靠计量。

练习题

一、单项选择题

1. 以下属于收入要素的是（　　）。
   A. 营业外收入　　B. 营业利润　　C. 资本公积　　D. 其他业务收入
2. 下列属于静态会计要素的是（　　）。
   A. 资产　　　　　B. 利润　　　　C. 费用　　　　D. 收入
3. 为实现会计目标，对会计对象所涉及的具体项目按其经济特征所作的分类是（　　）。
   A. 会计计量属性　B. 会计要素　　C. 会计科目　　D. 会计账户
4. 下列经济业务中会导致所有者权益内部增减变动的是（　　）。
   A. 将资本公积100万元转为实收资本
   B. 用银行存款1万元购入电脑一台
   C. 向银行借入期限5年的长期贷款500万元
   D. 收到政府捐赠的价值100万元的设备
5. 下列项目中属于长期资产的是（　　）。
   A. 无形资产　　　B. 应收票据　　C. 银行存款　　D. 应收账款
6. 如果发生的经济业务只导致资产项目内部增减变动，则会计等式两边的金额会（　　）。
   A. 增加　　　　　B. 减少　　　　C. 不变　　　　D. 不能确定

7. 已知某企业期初资产总额为 240 000 元，期末负债比期初减少 40 000 元，所有者权益比期初增加 50 000 元，那么企业期末资产总额为（　　）元。
   A. 200 000　　　　B. 290 000　　　　C. 250 000　　　　D. 230 000

8. 企业收到购货单位前欠的货款并将其存入银行，这项经济业务会导致（　　）。
   A. 负债内部有增有减，资产不变　　　B. 资产增加，负债也增加
   C. 资产内部有增有减，负债不变　　　D. 资产减少，负债也减少

9. 费用的发生会导致（　　）。
   A. 资产减少或负债增加　　　B. 资产增加或负债减少
   C. 资产增加或所有者权益增加　　　D. 负债减少或所有者权益减少

10. 企业收到投资者投入资金 500 000 元，用银行存款偿还借款 400 000 元，则企业资产变化额为（　　）。
    A. 增加 500 000 元　　　　B. 减少 400 000 元
    C. 减少 100 000 元　　　　D. 增加 100 000 元

11. 公司员工预借差旅费这笔业务会导致（　　）。
    A. 资产增加，负债也增加　　　B. 资产项目内部增减变动
    C. 资产减少，负债也减少　　　D. 负债项目内部有增有减

12. 以下经济业务中会导致资产和负债都减少的是（　　）。
    A. 取得银行短期借款　　　B. 以货币资金对外进行投资
    C. 用银行存款偿还到期借款　　　D. 用银行借款购买固定资产

13. 利润是指企业在一定会计期间的（　　）。
    A. 资产状况　　　B. 经营成果　　　C. 经营收入　　　D. 现金流量

14. 按照流动性的不同，应付及预收款项属于（　　）。
    A. 非流动资产　　　B. 流动负债　　　C. 非流动负债　　　D. 流动资产

15. 考虑货币时间价值的会计计量属性是（　　）。
    A. 可变现净值　　　B. 现值　　　C. 重置成本　　　D. 公允价值

16. 以下经济业务中会导致资产内部发生增减变动的是（　　）。
    A. 用银行存款购买固定资产　　　B. 存货因自然灾害遭到毁损
    C. 归还到期的银行长期借款　　　D. 用银行存款偿还应付账款

17. 按照流动性的不同，银行存款属于（　　）。
    A. 流动负债　　　B. 流动资产　　　C. 非流动负债　　　D. 非流动资产

18. 下列经济业务中，不会导致会计等式的总金额发生变化的是（　　）。
    A. 向银行借入短期借款　　　B. 从银行提取现金
    C. 以库存现金支付前欠货款　　　D. 购买原材料，货款暂欠

19. 负债是指企业过去的交易或事项形成的、预期会导致经济利益流出企业的（　　）。
    A. 经济资源　　　B. 剩余权益　　　C. 潜在义务　　　D. 现时义务

20. 下列经济业务中会引起负债内部有增有减的是（　　）。

A. 用银行存款支付前欠货款　　　　　B. 用银行存款偿还到期借款
C. 开出应付票据抵付应付账款　　　　D. 从银行取出现金

21. 下列经济业务中会引起所有者权益增加的是（　　）。
A. 支付行政部门管理费用　　　　　　B. 购买固定资产
C. 通过经营获得净利润　　　　　　　D. 向银行借入长期借款

22. 表明各会计要素之间基本关系的是（　　）。
A. 会计职能　　　B. 会计要素　　　C. 会计假设　　　D. 会计等式

23. 下列经济业务的发生会使会计等式的总金额发生变化的是（　　）。
A. 收回投资者投入的货币资金　　　　B. 用银行存款购买原材料
C. 将库存现金存入银行　　　　　　　D. 收到应收账款存入银行

24. 下列经济业务会引起资产和负债同时增加的是（　　）。
A. 用银行存款偿还短期借款　　　　　B. 将资本公积转增资本
C. 以现金发放应付的职工工资　　　　D. 购入原材料，款项尚未支付

25. 企业取得银行的短期借款，将使（　　）。
A. 资产和负债同时减少　　　　　　　B. 资产和负债同时增加
C. 负债和所有者权益同时增加　　　　D. 负债内部发生增减变动

二、多项选择题

1. 下列属于所有者权益要素的包括（　　）。
A. 主营业务收入　　　B. 盈余公积　　　C. 实收资本
D. 未分配利润　　　　E. 资本公积

2. 反映会计主体资金运动动态信息的要素包括（　　）。
A. 所有者权益　　　B. 负债　　　C. 利润
D. 费用　　　　　　E. 收入

3. 下列属于资产要素特点的有（　　）。
A. 必须是企业拥有或控制的资源　　　B. 必须是有形的
C. 必须能给企业带来未来的经济利益　D. 必须是由过去的交易或事项形成的

4. 经济业务的发生会导致会计要素同时发生增减变动的情况包括（　　）。
A. 资产增加，负债也增加　　　　　　B. 资产减少，负债也减少
C. 资产增加，所有者权益也增加　　　D. 资产减少，所有者权益增加

5. 反映企业经营成果的会计要素包括（　　）。
A. 负债　　　B. 收入　　　C. 费用　　　D. 利润　　　E. 资产

6. 反映会计主体资金运动静态信息的会计要素包括（　　）。
A. 所有者权益　　　B. 费用　　　C. 负债
D. 利润　　　　　　E. 资产

7. 企业用银行存款去缴纳应交的税费，这笔业务会导致企业（　　）。
A. 负债总额减少　　　　　　　　　　B. 负债总额增加

C. 会计等式不再平衡　　　　　　　D. 资产总额减少

8. 下列项目属于流动资产的包括（　　）。

　A. 厂房　　　B. 库存现金　　　C. 原材料　　　D. 无形资产

9. 关于会计要素相互之间的关系，下列说法正确的有（　　）。

　A. 费用增加会导致资产减少或负债增加

　B. 收入增加会导致资产减少或负债增加

　C. 收入增加会导致资产增加或负债减少

　D. 费用增加会导致资产增加或负债减少

10. 下列项目中属于负债的包括（　　）。

　A. 预收账款　　　　　　　　　　B. 员工预借的差旅费

　C. 预付账款　　　　　　　　　　D. 应付账款

11. 企业以库存现金偿还到期债务，会导致（　　）。

　A. 资产总额减少　　　　　　　　B. 负债总额减少

　C. 资产总额增加　　　　　　　　D. 负债总额增加

12. 下列项目中属于资产的包括（　　）。

　A. 库存商品　　　　　　　　　　B. 预付账款

　C. 应付票据　　　　　　　　　　D. 应收票据

13. 所有者权益项目增加对应的变动可能包括（　　）。

　A. 负债减少　　　　　　　　　　B. 资产减少

　C. 资产增加　　　　　　　　　　D. 另一项所有者权益减少

14. 下列属于资产要素内部增减变动的有（　　）。

　A. 收到客户单位支付的前欠购货款　　B. 用银行存款购买无形资产

　C. 取得银行的短期借款　　　　　　　D. 将库存现金存入银行

　E. 收到投资者投入的生产设备

15. 下列属于非流动资产的有（　　）。

　A. 固定资产　　　　　　B. 原材料　　　　　　C. 应收账款

　D. 长期借款　　　　　　E. 无形资产

16. 下列会导致资产和负债同时减少的经济业务包括（　　）。

　A. 用银行存款支付应付账款　　　　B. 用现金支付应付职工薪酬

　C. 用银行存款偿还长期借款　　　　D. 用银行存款交纳应交税费

　E. 购买原材料款项未付

17. 下列关于会计等式"资产=负债+所有者权益"的说法中正确的有（　　）。

　A. 反映的是静态会计要素之间的关系

　B. 反映的是动态会计要素之间的关系

　C. 反映的是静态会计要素与动态会计要素之间的相互关系

　D. 不管发生什么经济业务等式两边始终保持平衡

18. 下列关于会计等式说法正确的有（   ）。
  A. 同时涉及会计等式两边的经济业务不会引起资金总额的变化
  B. 经济业务的发生不会破坏会计等式的平衡关系
  C. 只有同时涉及会计等式两边的经济业务才会引起资金总额的变化
  D. 仅涉及会计等式某一边的经济业务不会引起资金总额的变化

三、判断题

1. 任何经济业务的发生均会导致会计等式两边的金额都发生变化。（   ）
2. 资产减去负债的金额等于所有者权益。（   ）
3. 应付账款、预付账款和其他应付款三个项目均属于负债。（   ）
4. 收入、费用和利润是从静态方面反映企业经营成果的三个要素。（   ）
5. 如果企业本期实现的利润为正数，那么其资产总额较上期会有所增加。（   ）
6. 企业权益的来源包括负债和所有者权益两个方面。（   ）
7. 资产、负债、所有者权益是反映财务状况的三大要素。（   ）
8. 企业的会计要素包括资产、负债、所有者权益、利润四项。（   ）
9. 经济业务的发生可能会引起会计等式两边资产和权益的总额发生变动，但不会破坏会计等式的平衡。（   ）
10. 资产的一个特点就是要有实物形态。（   ）
11. 会计对象是指社会再生产过程中的资金运动。（   ）
12. 由企业拥有或控制的资源都是资产。（   ）
13. 企业取得收入或发生费用可能引起资产的增减，所以当发生这种情况时会计等式"资产＝负债＋所有者权益"两边会变得不相等。（   ）
14. 从对会计要素的影响看，企业经营取得的净利润，会增加企业的资产，同时也会增加所有者权益。（   ）
15. 如果企业的资产有所增加，那么负债和所有者权益也至少有一项会增加。（   ）

四、简答题

1. 试说明负债和所有者权益的概念和区别。
2. 简述反映静态会计要素关系的会计等式的表达式及含义。

五、业务处理题

目的：练习经济业务的发生对会计等式的影响。

资料：某公司 12 月初资产、负债和所有者权益基本情况如下表所示。

资产、负债和所有者权益基本情况　　　　　　　单位：元

资产	金额	负债和所有者权益	金额
库存现金	2 200	负债：	
银行存款	146 000	短期借款	71 100

续表

资产	金额	负债和所有者权益	金额
应收账款	218 000	应付账款	1 238 600
原材料	2 000 000	长期借款	3 000 000
库存商品	2 100 000	小计	4 309 700
固定资产	6 656 000	所有者权益：	
		实收资本	6 566 000
		盈余公积	146 500
		未分配利润	100 000
资产总计	11 122 200	负债和所有者权益总计	11 122 200

本月发生如下经济业务：

（1）购入材料一批 20 000 元，已验收入库，货款未付。

（2）向银行借入 3 个月的短期借款 50 000 元，直接偿还所欠供应商的货款。

（3）收到投资者投入的资本 100 000 元，存入银行。

（4）以银行存款 25 000 元，偿还短期借款。

（5）将盈余公积金 30 000 元转为资本。

（6）收到客户所欠的货款 40 000 元，存入银行。

（7）经董事会批准，以银行存款退还投资者股金 100 000 元。

（8）某企业代公司归还长期借款 1 000 000 元，经协商将其转为对公司资本的投入。

（9）按规定进行利润分配，宣告给投资者分配利润 6 500 元。

（10）向银行借入短期借款 100 000 元，存入银行。

要求：

（1）分析说明上述 10 项经济业务的资金变化类型，填入下表中。

经济业务的资金变化类型

类型	经济业务序号
1. 一项资产增加，另一项负债增加，增加金额相等	
2. 一项资产增加，另一项所有者权益增加，增加金额相等	
3. 一项资产减少，另一项负债减少，减少金额相等	
4. 一项资产减少，另一项所有者权益减少，减少金额相等	
5. 一项资产增加，另一项资产减少，增减金额相等	
6. 一项所有者权益增加，另一项所有者权益减少，增减金额相等	
7. 一项负债增加，另一项负债减少，增减金额相等	
8. 一项负债增加，另一项所有者权益减少，增减金额相等	
9. 一项负债减少，另一项所有者权益增加，增减金额相等	

（2）根据上述资料，将该公司 12 月份各会计要素具体项目的期初金额和月内增减变动的金额填入下表中，同时计算出月末余额和合计数。

公司的资产、负债和所有者权益变动　　　　　　　　　　　　　　单位：元

资产				负债和所有者权益			
项目	期初余额	增减额	期末余额	项目	期初余额	增减额	期末余额
库存现金				负债：			
银行存款				短期借款			
应收账款				应付账款			
原材料				应付股利			
库存商品				长期借款			
固定资产				负债合计			
				所有者权益：			
				实收资本			
				盈余公积			
				未分配利润			
总计				总计			

第三章　会计科目、会计账户与复式记账

学习的主要内容

主要内容：会计科目与会计账户的概念、会计科目名称、会计账户的结构和内容，以及会计账户与会计科目之间的区别和联系；复式记账的工作原理；借贷记账法下会计账户的共性及其内在联系，各类账户的性质、内容、结构、特点以及其在整体账户体系中的作用，运用账户进行会计核算的实务知识和技能。

基本要求：理解会计科目与会计对象、会计要素的关系，掌握常用的会计科目及其名称；掌握会计账户与会计科目之间的区别和联系，理解会计账户的结构、内容、特点以及分类；掌握复式记账法的工作原理及其特点，掌握借贷记账法对各单位经济业务进行归类、记录等方面的基础知识和技能；理解借贷记账法中平衡原理的逻辑关系，掌握利用试算平衡的手段检查账户记录是否正确的方法等技能；理解各类账户的性质、内容、结构、特点以及其在整体账户体系中的作用，掌握运用账户进行会计核算的实务知识和技能。

本章的重点难点

1. 会计科目与会计对象、会计要素的关系

（1）关系：会计对象 $\xrightarrow{\text{分类}}$ 会计要素 $\xrightarrow{\text{具体化（再分类）}}$ 会计科目。

（2）具体表现。

①会计对象是会计所要反映、监督和分析、预测、控制的内容。一般来说，会计对象可以概括为是社会再生产过程中的资金运动，会计需要对企、事业单位特定的资金运动情况进行反映、监督、分析、预测和控制。

②会计要素是指为实现会计目标，对会计对象所涉及的具体项目按其经济特征所进行的科学分类。会计要素不仅是会计对象的基本组成部分和具体化，同时也是用来反映会计主体财务状况和经营成果的基本单位。

③会计科目是将会计要素按照其经济特征所作的进一步分类项目。为提供满足会计信息使用者需要的各种有用的经济信息，必须根据会计要素的具体经济内容和特点，对每一会计要素再作进一步分类，分类的结果就是会计科目。

2. 会计账户（简称账户）与会计科目之间的关系

（1）账户与会计科目之间的联系（共同点）：两者所反映的经济业务内容以及名称相同。会计科目是设置会计账户的基础和依据，会计科目是账户的名称。

（2）账户与会计科目之间的区别（不同点）：会计科目仅有名称没有结构，而账户既有名称又有结构。会计科目仅仅是对经济业务分类核算的项目或标志（即名称），但它没有结构，因此无法对具体经济业务的发生及其增减变化过程进行记录和核算；而账户不但有名称，并且具有一定的结构，能按照业务包含的经济内容，以一定结构的方式提供核算形式，记录、登记具体经济业务的发生以及增减变化过程。

综上，两者是不同的概念，既有联系又有区别，二者不能混淆。

3. 账户结构及其核算形式的内涵

（1）图3-1显示了一般账户的基本结构。会计账户名称是依据会计科目的名称来确定的，而账户的基本结构分为左方、右方，利用此结构来记录、核算该账户所反映的经济内容的发生以及增减变化过程；如果规定左边的结构记录经济内容金额的增加，则右边的结构就记录减少，反之则相反。

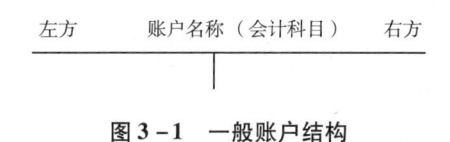

左方　　账户名称（会计科目）　　右方

图3-1　一般账户结构

（2）账户利用其结构，反映经济业务变化及核算形式的具体表现。在持续经营假设的前提下，遵循会计分期假设的思想，会计对企业资金运动过程的反映是在账户中进行的，核算是以分期的形式在账户中反映企业经济业务的发生以及增减变化过程的，因此在账户结构中，反映经济业务变化的核算形式具体表现为：

账户期末余额 = 账户期初余额 + 账户本期增加额 - 账户本期减少额

（3）发生额及本期发生额的界定。通常，在会计实务中往往把账户增加额（合计数）或者账户减少额（合计数）称为发生额。因此，本期账户增加额（合计数）或者本期账户减少额（合计数）称为本期发生额。

（4）账户记录中余额方向的选择。账户有左方、右方两个结构方向，那么，账户记录的余额（包括期初余额和期末余额）是登记在左方还是登记在右方呢？按照记账的基本原理，余额登记方向的选择，实际上应该与记录、登记增加额的方向是一致的。

（5）账户左、右两边结构，到底哪边记录增加，哪边记录减少？关键取决于该账户所包含的经济内容，即由账户的经济性质来决定。

4. 借贷记账法的工作原理及特点

借贷记账法是遵循复式记账工作原理的记账方法之一，我国的会计记账采用借贷记账法。

（1）理论依据。由于借贷记账法的对象是会计要素的增减变化及其结果，借贷记账法

的理论依据是会计等式,即:

资产 = 负债 + 所有者权益

(2) 记账符号的应用。借贷记账法以"借""贷"为记账符号,表示经济业务引起的会计科目金额的增加与减少;此时,"借""贷"已经脱离了其自身的含义,成为单纯的记账符号。

在借贷记账法下,账户结构以T型账户的方式表达,其呈现为如图3-2的形式。左方和右方分别变成了借方和贷方,记录经济业务的发生以及增减变动过程。

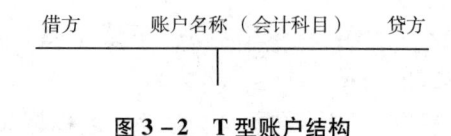

借方　　账户名称(会计科目)　　贷方

图3-2　T型账户结构

借贷记账法以"借""贷"为记账符号,表示经济业务引起的会计科目金额的增加与减少。当然,"借""贷"两方,哪边记录增加哪边记录减少的规则主要取决于该账户所反映的经济内容和性质。对于不同性质的账户,"借""贷"的表示含义不同:

①资产类账户的结构:账户的借方记录资产的增加额,贷方记录资产的减少额,期末余额一般在借方,其计算公式为:

资产类账户期末余额 = 期初借方余额 + 本期借方发生额 - 本期贷方发生额

②负债和所有者权益类账户的结构:账户贷方记录各项负债和所有者权益的增加额;账户借方记录各项负债和所有者权益的减少额,期末余额一般在贷方,其计算公式为:

负债和所有者权益类账户期末余额 = 期初贷方余额 + 本期贷方发生额 - 本期借方发生额

③收入类账户的结构与上述所有者权益类账户结构基本相同,账户贷方记录收入的增加额,账户借方记录收入减少额;期末,本期贷方发生额减去本期借方发生额后的差额,转入"本年利润"账户,所以收入类账户一般没有期末余额。

④成本、费用类账户的结构:与资产类账户的结构基本相同,账户的借方记录成本、费用的增加额,账户的贷方记录成本、费用的减少额或转销额,因为期末借方记录的成本、费用的增加额一般都要通过贷方转出,所以账户一般没有余额;如有余额,必定为借方余额,表示期末资产余额(如"生产成本"账户)。

(3) 记账规则"有借必有贷,借贷必相等"的应用。记账规则的应用,是记账方法的核心,它体现不同记账方法的本质特征。"有借必有贷,借贷必相等"的应用,具体地说,就是根据复式记账原理及借贷记账法下账户结构的特点,每一笔经济业务都以相等的金额,按借贷相反的方向,在两个或两个以上账户中等额登记,即一个账户记借方,同时另一个(或几个)账户记贷方;或者一个账户记贷方,同时另一个(或几个)账户记借方。这种双重或者多重平衡记录思想的应用,为保证会计信息的正确、完整提供了检验的理论依据。

(4) 借贷记账法的特点。借贷记账法除具备以上特征外,还具有两个重要特点:

— 20 —

①在借贷记账法下，账户的性质可以根据余额所在的方向来判定。借、贷方作为记账符号，指示着账户记录的方向是左边还是右边。由于各类账户的期末余额与记录增加额的一方都在同一方向，即资产类账户的期末余额一般在借方，负债和所有者权益类账户的期末余额一般在贷方。因此，可以根据余额所在的方向来判定账户性质，成为借贷记账法的一个重要特点。

②在借贷记账法下，不仅可以设置单一性质的账户，还可以设置双重性质的账户，账户的性质由账户余额的方向决定。

例如"应收账款"明细账户，如果其期末余额在借方，说明该余额的性质是资产，日后该笔金额应在资产项目中对外披露；如果其期末余额在贷方，说明该余额的性质是负债，日后该笔金额应在负债中对外披露。

5. 试算平衡的重要概念以及其平衡原理的理解

试算平衡是根据会计恒等式和复式记账的基本原理，利用企业全部账户存在的平衡关系，来检验账户记录是否正确的检验方法。

（1）试算平衡的依据：会计恒等式和复式记账。

（2）试算平衡方法中存在的平衡关系。

①依据会计恒等式和借贷记账法的原理，存在以下平衡关系：

全部账户期初借方余额合计数 = 全部账户期初贷方余额合计数

全部账户期末借方余额合计数 = 全部账户期末贷方借方合计数

②依据借贷记账法的原理（有借必有贷、借贷必相等的规则），存在的平衡关系是：

全部账户本期借方发生额合计数 = 全部账户本期贷方发生额合计数

（3）试算平衡结果的解读。

①经测算，上述三个平衡关系一旦发现等式不平衡，则说明企业在记账过程中肯定有错误。

②经测算，上述三个平衡关系即使结果都是平衡的，也不能断言企业在记账过程中没有错误。有些错误通过试算平衡的方法并非能检验出来。例如，当发生重记、漏记某些经济业务，或者将借贷记账科目记错、方向记反等错误情况时，并不影响借贷双方平衡，并不能通过试算平衡发现错误。

所以，试算平衡不能作为检验账户记录是否正确的唯一方法，在实务中往往需要通过其他更多的会计手段，相互配合检查，最终保证账户信息的正确性。

6. 特殊账户："累计折旧"账户等调整账户的全面理解和应用问题

设置账户是会计核算方法的基本步骤之一，账户是记录和核算会计信息的主要手段，为全面剖析账户的特点，账户可以按账户反映的经济内容、账户的结构与用途、账户提供资料的详细程度三个方面进行分类。分类的结果能从不同的方面剖析账户的特征、账户的共性及其内在联系，理解各个账户在整体账户体系中的作用，明确各类账户的性质、内容、结构、特点和规律，帮助会计人员准确地设置账户，更好地利用账户登记和核算会计信息。

对于会计初学者，需要通过以上三个不同的分类方式，熟悉账户体系中每一个账户的特点。根据《企业会计准则》建立的工业企业账户体系，其中的"累计折旧"账户，是所有账户体系中的比较特殊的账户，对它的分析将具有一定的代表性。

（1）"累计折旧"账户按照其反映的经济内容分类为资产类账户。该账户用以反映和监督固定资产使用中的磨损价值，并据以计算固定资产净值。贷方登记按固定资产原值和折旧率计算的折旧额，反映因损耗而减少的价值；借方登记报废或变卖固定资产时累计已计提的折旧额；余额在贷方，表示期末累计已计提的折旧额。

（2）"累计折旧"账户按照其结构和用途分类为调整账户。

①所谓账户的结构，是指在账户中如何登记经济业务，以取得所需要的各种核算指标，即账户借方登记什么，贷方登记什么，期末账户有无余额，如有余额在账户的哪一方，表示什么含义。

②所谓账户的用途，是指设置和运用账户的目的，即通过账户记录提供什么核算指标。

③在借贷记账法下，账户按其用途和结构的不同，可以分为基本账户、调整账户和业务账户三大类。

特别要注意，在企业持续经营的前提下，企业部分项目的价值会发生各种减值或者增值，调整账户的设置，就是为此价值的变化调整而设置的账户。其中基本账户和调整账户是相对的，调整账户是对有关基本账户的账面余额进行调整而设置的账户。

④"累计折旧"是调整账户。调整账户是用来调整被调整账户（一般是基本账户）的余额，以求得被调整账户的实际余额而设置的账户。

"累计折旧"账户的设置，是对属于被调整账户（基本账户）的"固定资产"账户的账面余额进行调整而设置的账户。利用基本账户"固定资产"账户和调整账户"累计折旧"账户，最终才能计算出会计期末固定资产的净值。

⑤"累计折旧"账户是调整账户中的备抵账户。调整账户按其调整方式的不同，可以分为备抵账户、附加账户和备抵附加账户三类，如图3-3所示。

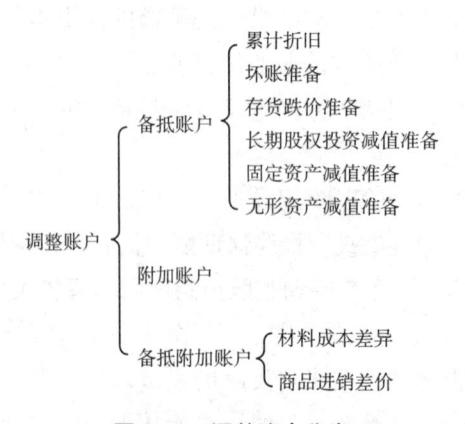

调整账户
- 备抵账户
  - 累计折旧
  - 坏账准备
  - 存货跌价准备
  - 长期股权投资减值准备
  - 固定资产减值准备
  - 无形资产减值准备
- 附加账户
- 备抵附加账户
  - 材料成本差异
  - 商品进销差价

图3-3 调整账户分类

备抵账户也称抵减账户，是用来抵减被调整账户余额，以求得被调整账户实际余额的账户（即调减）。

附加账户是用来增加被调整账户的余额，以求得被调整账户的实际余额的账户（即调增）。

备抵附加账户是指兼具备抵和附加两种功能的调整账户，其账户具体的功能，取决于该账户的余额与被调整账户的当期余额所在方向。当这类账户的余额与被调整账户的余额方向相反时，其调整的方式与备抵账户相同；当这类账户的余额与被调整账户的余额方向相同时，其调整的方式与附加账户相同（即可调减或调增）。

显然，"累计折旧"账户是调整账户中的备抵账户，即：

期末固定资产的净值＝"固定资产"账户余额－"累计折旧"账户余额

综上，通过对"累计折旧"账户的分析，可以全面理解"累计折旧"账户等其他调整账户的特点及应用问题。

练习题

一、单项选择题

1. 复式记账是指对发生的每笔经济业务，都要用相等的金额在相互联系的（　　）账户中进行全面登记。

　　A. 一个　　　　　　　　　B. 两个
　　C. 两个或两个以上　　　　D. 所有

2. 某资产账户期初余额为 10 500 元，本期贷方发生额为 500 元，期末余额为 12 000 元，则其本期借方发生额为（　　）元。

　　A. 2 000　　B. 1 000　　C. 1 500　　D. 2 500

3. （　　）账户的借方登记减少额。

　　A. 成本类　　B. 费用类　　C. 资产类　　D. 负债类

4. （　　）属于调整账户。

　　A. 财务费用　　B. 应交税费　　C. 坏账准备　　D. 资产减值损失

5. 在借贷记账法中，"借"和"贷"所代表的含义是（　　）。

　　A. 债权和债务　　B. 记账符号　　C. 资产和负债　　D. 增加和减少

6. 借贷记账法下会计账户的借和贷哪方登记增加额、哪方登记减少额，由（　　）决定。

　　A. 记账规则　　B. 账户余额　　C. 账户性质　　D. 记账符号

7. （　　）是用来反映和监督企业生产经营过程中某一阶段发生的、应计入成本的全部费用，并确定各个成本计算对象的实际成本的账户。

　　A. 财务成果账户　　B. 配比账户　　C. 成本计算账户　　D. 集合分配账户

8. 借记长期借款，贷记银行存款，该会计分录反映的经济业务是（　　）。

A. 收到长期借款并存入银行　　　　　B. 偿还银行投入的银行存款
C. 用银行存款偿还长期借款　　　　　D. 收到银行投入的银行存款

9. 借贷记账法下，所有者权益类账户借方登记的内容和期末余额的方向分别是（　　）。
A. 本期减少额，贷方　　　　　　　　B. 本期减少额，借方
C. 本期增加额，贷方　　　　　　　　D. 本期增加额，借方

10. （　　）是指对每项经济业务应登记的账户、账户的方向及其金额的记录。
A. 会计等式　　　B. 会计报表　　　C. 会计分录　　　D. 会计科目

11. 某负债账户本期贷方发生额为3 500万元，本期借方发生额为2 000万元，期末余额为5 000万元，则其期初余额为（　　）万元。
A. 6 500　　　　B. 3 500　　　　C. 2 000　　　　D. 5 000

12. 下列属于备抵账户的是（　　）。
A. 累计折旧　　　B. 材料成本差异　　　C. 管理费用　　　D. 固定资产

13. 反映企业在一定期间内全部生产经营活动最终成果的账户是（　　）。
A. 财务成果账户　　B. 集合分配账户　　C. 收入账户　　D. 费用账户

14. 按照账户反映的经济内容，盘存账户基本属于（　　）。
A. 资产类账户　　　　　　　　　　　B. 负债类账户
C. 所有者权益类账户　　　　　　　　D. 损益类账户

15. 按照账户的用途和结构，"应付职工薪酬"账户属于（　　）。
A. 结算账户　　　　　　　　　　　　B. 跨期摊配账户
C. 盘存账户　　　　　　　　　　　　D. 资本账户

16. 按照账户的用途和结构，"银行存款"账户属于（　　）。
A. 结算账户　　　B. 配比账户　　　C. 成本计算账户　　　D. 盘存账户

17. 期末结算账户的余额方向（　　）。
A. 没有余额　　　　　　　　　　　　B. 在借方
C. 借方或贷方都可能　　　　　　　　D. 在贷方

18. 借贷记账法下，负债类账户借方登记的内容和期末余额的方向分别是（　　）。
A. 本期减少数，借方　　　　　　　　B. 本期减少数，贷方
C. 本期增加数，借方　　　　　　　　D. 本期增加数，贷方

19. 下列属于盘存账户的是（　　）。
A. "应付账款"账户　　　　　　　　　B. "资本公积"账户
C. "无形资产"账户　　　　　　　　　D. "生产成本"账户

20. 期末固定资产账户的借方余额减去累计折旧账户的贷方余额，其差额就是固定资产的（　　）。
A. 增加价值　　　B. 减少价值　　　C. 净值　　　D. 折旧额

21. 借贷记账法的理论依据是（　　）。
A. 会计账户　　　B. 会计恒等式　　　C. 记账规则　　　D. 会计科目

22. 与负债类账户结构相同的是（　　）。
   A. 成本类账户　　　　　　　　　B. 费用类账户
   C. 资产类账户　　　　　　　　　D. 所有者权益类账户

23. 成本类账户期末余额方向在（　　）。
   A. 如有余额，余额在借方　　　　B. 借方或贷方都可能
   C. 借方　　　　　　　　　　　　D. 贷方

24. （　　）既是盘存账户又是成本类账户。
   A. "银行存款"账户　　　　　　　B. "生产成本"账户
   C. "制造费用"账户　　　　　　　D. "无形资产"账户

25. 按照会计账户反映的经济内容，预付账款属于（　　）。
   A. 资产类账户　　　　　　　　　B. 负债类账户
   C. 所有者权益类账户　　　　　　D. 债务结算账户

26. 属于财务成果账户的是（　　）。
   A. "利润分配"账户　　　　　　　B. "实收资本"账户
   C. "本年利润"账户　　　　　　　D. "盈余公积"账户

27. 某企业月初负债总额250万元，本月收回应收账款50万元，预收购货单位的款项100万元，用银行存款归还短期借款20万元，则月末其负债总额为（　　）万元。
   A. 330　　　　B. 280　　　　C. 320　　　　D. 420

28. 假设某企业"预付账款"账户期初余额为借方300万元，本期借方发生额为80万元，贷方发生额为120万元，则其期末余额为（　　）。
   A. 借方340万元　B. 贷方340万元　C. 借方260万元　D. 贷方260万元

29. 按照会计账户反映的经济内容，"利润分配"账户属于（　　）。
   A. 损益类账户　　　　　　　　　B. 成本类账户
   C. 所有者权益类账户　　　　　　D. 负债类账户

30. 按照账户的用途和结构，（　　）不属于费用类账户。
   A. 财务费用　　B. 销售费用　　C. 管理费用　　D. 制造费用

31. 假设某企业"应付账款"账户期初余额为贷方20 000元，本期贷方发生额为8 000元，期末余额为贷方24 000元，则其本期借方发生额为（　　）元。
   A. 12 000　　　B. 4 000　　　C. 8 000　　　D. 20 000

32. 按照账户的用途和结构，"制造费用"属于（　　）账户。
   A. 成本计算　　B. 成本类　　C. 集合分配　　D. 费用类

33. 一般而言，账户期末余额的方向（　　）。
   A. 与增加发生额的方向相同　　　B. 与减少发生额的方向相同
   C. 在借方　　　　　　　　　　　D. 在贷方

34. 企业购买原材料支付的增值税一般应记入（　　）账户。
   A. 税金及附加　B. 材料采购　　C. 应交税费　　D. 在途物资

35. 借贷记账法下，贷方登记（　　）。
   A. 资产的减少或权益的增加　　　　B. 资产的增加或权益的减少
   C. 资产的减少或权益的减少　　　　D. 资产的增加或权益的增加

36. 按照账户的用途和结构，"材料成本差异"属于（　　）。
   A. 备抵账户　　B. 附加账户　　C. 配比账户　　D. 备抵附加账户

37. 按照账户所反映的经济内容，"材料采购"属于（　　）账户。
   A. 资产类　　B. 成本类　　C. 损益类　　D. 负债类

38. 复式记账法下，登记的有关账户之间有一定的（　　）。
   A. 备抵关系　　B. 附加关系　　C. 备抵附加关系　　D. 对应关系

39. 债务结算账户不包括（　　）。
   A. 应付股利　　B. 预付账款　　C. 预收账款　　D. 长期借款

40. 盘存类账户借方登记的内容和期末余额的方向一般是（　　）。
   A. 本期增加数，借方　　　　B. 本期增加数，贷方
   C. 本期减少数，借方　　　　D. 本期减少数，贷方

41. 按照账户反映的经济内容，"累计折旧"账户属于（　　）。
   A. 资产类账户　　　　B. 负债类账户
   C. 所有者权益类账户　　D. 损益类账户

42. 借贷记账法下，账户的贷方登记（　　）。
   A. 资产的增加　　　　B. 负债的减少
   C. 收入的增加　　　　D. 所有者权益的减少

43. 结算账户不包括（　　）。
   A. 应收票据　　B. 实收资本　　C. 短期借款　　D. 应付职工薪酬

44. 当备抵附加账户的余额方向与被调整账户（　　）时，它就是附加账户；当其余额方向与被调整账户（　　）时，它就是备抵账户。
   A. 相同　相同　　　　B. 相同　相反
   C. 相反　相同　　　　D. 相反　相反

45. 借贷记账法下，资产类账户借、贷方登记的内容和期末余额的方向是（　　）。
   A. 借方登记增加额，贷方登记减少额，余额在借方
   B. 借方登记减少额，贷方登记增加额，余额在贷方
   C. 借方登记增加额，贷方登记减少额，余额在贷方
   D. 借方登记减少额，贷方登记增加额，余额在借方

46. （　　）借方登记各种费用的发生数，贷方登记按照一定标准分配计入各个成本计算对象的费用分配数。
   A. 财务成果账户　　　　B. 配比账户
   C. 成本计算账户　　　　D. 集合分配账户

47. 按照账户的用途和结构，"累计折旧"账户属于（　　）。

A. 附加账户　　　　B. 备抵账户　　　　C. 结算账户　　　　D. 备抵附加账户

48. 下列账户期末结转后没有余额的是（　　）。
   A. 资产类账户　　　　　　　　　B. 负债类账户
   C. 费用类账户　　　　　　　　　D. 所有者权益类账户

49. 相较于单式记账法，复式记账法可以（　　）。
   A. 简化会计工作流程　　　　　　B. 反映经济业务的来龙去脉
   C. 利用文字和数字来记载经济业务　D. 提高会计工作效率

50. 某企业短期借款账户月初贷方余额为 200 万元，本月向银行借入期限三个月的新借款 50 万元，归还到期的短期借款 80 万元，则短期借款账户的月末余额为（　　）。
   A. 贷方 230 万元　B. 贷方 170 万元　C. 借方 170 万元　D. 贷方 230 万元

二、多项选择题

1. 借贷记账法下会计账户中登记的金额包括（　　）。
   A. 期初余额　　B. 期末余额　　C. 借方发生额　　D. 贷方发生额

2. 会计账户的内容包括（　　）。
   A. 账户的名称　　　　B. 日期　　　　C. 增加和减少的金额
   D. 余额　　　　　　　E. 会计等式

3. 会计账户的借方登记（　　）。
   A. 费用增加　　　　B. 所有者权益减少　　　C. 资产增加
   D. 收入减少　　　　E. 负债增加

4. 结算账户包括（　　）。
   A. 应付票据　　B. 其他应收款　　C. 应付职工薪酬　　D. 预付账款

5. 按照其调整方式的不同，调整账户分为（　　）。
   A. 备抵账户　　　　B. 附加账户　　　　C. 备抵附加账户
   D. 集合分配账户　　E. 成本计算账户

6. 会计分录主要包括（　　）三个要素。
   A. 会计科目　　　　B. 记账符号　　　　C. 变动金额
   D. 账户余额　　　　E. 记账凭证

7. 账户的贷方登记（　　）。
   A. 负债增加　　　　B. 费用增加　　　　C. 资产减少
   D. 所有者权益增加　E. 负债减少

8. 试算平衡是根据资产、负债和所有者权益之间的平衡关系，通过对所有账户的（　　）或（　　）的汇总计算和比较，来检查账户记录是否正确。
   A. 增加额　　　　B. 发生额　　　　C. 余额　　　　D. 减少额

9. 试算平衡不能发现下列错误中的（　　）。
   A. 重记经济业务　　　　　　　　B. 漏记经济业务
   C. 借贷方向登记相反　　　　　　D. 借贷金额不相等

E. 借贷双方同时少记同等金额

10. 债权债务结算账户的借方登记（　　）。
    A. 债权的增加　　　　　　B. 债权的减少　　　　　　C. 债务的增加
    D. 债务的减少　　　　　　E. 债权和债务的减少

11. "主营业务成本"账户属于（　　）。
    A. 成本类账户　　　　　　B. 费用类账户　　　　　　C. 成本计算账户
    D. 损益类账户　　　　　　E. 集合分配账户

12. 按照账户反映的经济内容，成本类账户包括（　　）。
    A. 生产成本　　　　　　　B. 制造费用　　　　　　　C. 其他业务成本
    D. 在途物资　　　　　　　E. 在建工程

13. 以下说法中错误的有（　　）。
    A. 会计账户期末余额方向与登记减少额的方向相同
    B. 所有者权益类账户期末一般都没有余额
    C. 负债类账户和所有者权益类账户的结构基本相同
    D. 损益类账户期末一般都有余额

14. 下列属于被调整账户的有（　　）。
    A. 固定资产减值准备　　　　　　B. 坏账准备
    C. 应收账款　　　　　　　　　　D. 原材料

15. 下列账户一般有期末余额的包括（　　）。
    A. 损益类账户　　　　　　B. 资产类账户　　　　　　C. 集合分配账户
    D. 负债类账户　　　　　　E. 所有者权益类账户

16. 下列账户一般没有期末余额的有（　　）。
    A. 配比账户　　　　　　　B. 损益类账户　　　　　　C. 资本账户
    D. 集合分配账户　　　　　E. 盘存账户

17. 下列账户属于调整账户的有（　　）。
    A. 材料采购　　　　　　　　　　B. 固定资产减值准备
    C. 坏账准备　　　　　　　　　　D. 存货跌价准备

18. "累计折旧"属于（　　）。
    A. 资产类账户　　　　　　　　　B. 附加账户
    C. 调整账户　　　　　　　　　　D. 备抵附加账户

19. 盘存账户包括（　　）。
    A. "原材料"账户　　　　　　　　B. "库存商品"账户
    C. "在建工程"账户　　　　　　　D. "库存现金"账户
    E. "应收票据"账户

20. 下列属于复式记账法优点的有（　　）。
    A. 可以进行试算平衡　　　　　　B. 可以更详细地反映经济业务

C. 便于会计人员的分工　　　　　　D. 可以检验账户记录的正确性

21. 集合分配账户不包括（　　）。
   A. "财务费用"账户　　　　　　　B. "在途物资"账户
   C. "在建工程"账户　　　　　　　D. "制造费用"账户
   E. "利润分配"账户

22. 按照反映的经济内容不同，会计账户分为（　　）。
   A. 资产类账户　　　　B. 负债类账户　　　　C. 所有者权益类账户
   D. 成本类账户　　　　E. 损益类账户

23. 债权结算账户包括（　　）。
   A. 应收票据　　　　　B. 预收账款　　　　　C. 应付账款
   D. 短期借款　　　　　E. 其他应收款

24. 会计科目设置的原则包括（　　）。
   A. 能够全面反映会计对象的内容与特点　B. 适应性与稳定性相结合
   C. 会计科目的名称要简明扼要　　　　　D. 统一性与灵活性相结合
   E. 会计科目不能自行增补

25. 下列账户中一般没有期末余额的有（　　）。
   A. 库存现金　　　B. 制造费用　　　C. 销售费用　　　D. 投资收益

26. 试算平衡的关系式包括（　　）。
   A. 所有账户借方本期发生额合计数 = 所有账户贷方本期发生额合计数
   B. 所有账户借方期末余额合计数 = 所有账户贷方期末余额合计数
   C. 所有账户借方期初余额合计数 = 所有账户贷方期初余额合计数
   D. 所有账户借方期初余额合计数 = 所有账户贷方期末余额合计数

27. 会计恒等式是（　　）的理论依据。
   A. 借贷记账法　　　　B. 财产清查　　　　C. 试算平衡
   D. 编制资产负债表　　E. 成本计算

28. 所有者权益类科目包括（　　）。
   A. 资本公积　　　　　B. 实收资本　　　　C. 利润分配
   D. 本年利润　　　　　E. 主营业务收入

29. 借贷记账法下，以下说法正确的有（　　）。
   A. 费用类账户借方登记减少　　　　B. 资产类账户借方登记增加
   C. 负债类账户贷方登记增加　　　　D. 所有者权益类账户贷方登记减少

30. 下列关于会计账户和会计科目的说法中正确的有（　　）。
   A. 两者的名称相同
   B. 两者反映的经济业务内容不同
   C. 会计科目根据会计账户开设并具有一定结构，会计账户则没有
   D. 会计账户根据会计科目开设并具有一定结构，会计科目则没有

三、判断题
1. 备抵附加账户既有资产类账户的特点，又有负债类账户的特点。（   ）
2. 当会计主体的预付账款不多时，可以只设置应付账款账户同时反映对该供应商的预付账款和应付账款。（   ）
3. "坏账准备"既属于资产类账户也属于调整账户。（   ）
4. 借贷记账法下，负债类账户借方登记增加，贷方登记减少，期末余额在借方。（   ）
5. 一般而言，调整账户和被调整账户的余额方向总是相反的。（   ）
6. 盘存账户贷方登记各项财产物资和货币资金的增加数。（   ）
7. 所有账户的期末余额 = 期初余额 + 本期借方发生额 – 本期贷方发生额。（   ）
8. 应付账款属于负债，预付账款属于资产。（   ）
9. 按照账户的用途和结构，"生产成本"账户既属于成本计算类账户，又属于盘存账户。（   ）
10. 盘存账户的期末余额在贷方。（   ）
11. 在一定会计期间，总分类账户的借方发生额应等于其下属明细分类账户的借方发生额之和。（   ）
12. 会计账户要同时运用货币和实物两种计量单位进行登记。（   ）
13. 单式记账法可以很好地反映每笔经济业务的来龙去脉。（   ）
14. 单式记账法可以进行试算平衡来检查账户记录的正确性。（   ）
15. 企业在核算时对会计科目的数量设置得越多越好。（   ）
16. 借贷记账法下，只要试算平衡了就说明账户记录肯定没错。（   ）
17. 期末"固定资产"账户借方余额为 200 万元，"累计折旧"账户贷方余额为 50 万元，假设该固定资产没有计提减值准备，则其期末账面净值为 150 万元。（   ）
18. "应付账款"和"其他应付款"两个账户登记的经济业务内容有些是一样的。（   ）
19. 通过试算平衡可以发现会计账户记录中的所有错误。（   ）
20. 借贷记账法下，对于发生的经济业务，必须在两个或两个以上账户中一个登记增加额另一个登记减少额。（   ）
21. 借贷记账法下，"借"代表增加，"贷"代表减少。（   ）
22. 借贷记账法下，每个账户的期末余额都是在借方。（   ）
23. 借贷记账法的理论依据是会计等式"收入 – 费用 = 利润"。（   ）
24. 企业可根据自身发生的经济业务内容和特点自行设置明细会计科目。（   ）
25. 期末余额在借方的都是资产类账户。（   ）
26. 借贷记账法下，会计账户的左边登记增加额，右方登记减少额。（   ）
27. 会计科目是根据会计账户设置的，因此可以把两者视为同一概念。（   ）
28. 明细分类科目可分为二级明细科目和三级明细科目。（   ）

29. 会计账户是会计科目的名称。（ ）
30. 为了能提供更详细的资料，每个总分类科目下都要设置明细分类账户。（ ）
31. 借贷记账法下，负债类账户的结构与资产类账户的结构是相反的。（ ）
32. 如果试算不平衡，那么说明账户记录肯定有错。（ ）
33. 单式记账法对每笔经济业务只记一个账户，复式记账法就是对每项经济业务都记入两个账户。（ ）
34. 按照反映的经济内容，会计账户分为资产、负债、所有者权益、收入、费用和利润六类。（ ）
35. 在会计工作中，可以将一个复合会计分录分解为几个简单的会计分录，也可以把几个简单的会计分录汇总为一个复合会计分录。（ ）
36. 根据试算平衡的原则，每个会计账户的借方发生额合计数与贷方发生额合计数都必须相等。（ ）
37. 集合分配账户期末没有余额，成本计算账户期末可能有借方余额。（ ）
38. 会计科目是设置会计账户和复式记账的基础和前提。（ ）
39. 资本账户都是所有者权益类账户。（ ）
40. 作为"固定资产"的备抵账户，"累计折旧"账户增减方向与固定资产相反。（ ）

四、简答题

1. 简述会计科目与会计账户的区别与联系。
2. 什么是借贷记账法？借贷记账法下的账户结构有何特点？
3. 什么是调整账户？为什么在会计核算中要设置调整账户？
4. 什么是试算平衡？并简要说明如何正确理解试算平衡的检验结果。
5. 简述会计对象、会计要素、会计科目的概念及相互之间的关系。

五、业务处理题

1. 华纳股份有限公司20××年5月31日的部分总分类账户资料如下表所示。

部分总分类账户资料　　　　　　　　　　　　　单位：元

账户名称	期初余额 借方	期初余额 贷方	本期发生额 借方	本期发生额 贷方	期末余额 借方	期末余额 贷方
库存现金	2 000		30 000	18 000	(A)	
银行存款	(B)		16 000	36 000	290 000	
应收账款	15 000		14 000	(C)	16 000	
固定资产	200 000		80 000		(D)	
盈余公积		(E)	10 000	50 000		45 000
应付账款		(F)	25 000	40 000		24 000

要求：根据资料中提供的有关数据，计算上表中空白部分的金额。
2. 请在下面试算平衡表中的括号中填上合适的数字。

试算平衡表

20××年11月30日　　　　　　　　　　　　　　　　　　单位：元

账户	期初余额 借方	期初余额 贷方	本期发生额 借方	本期发生额 贷方	期末余额 借方	期末余额 贷方
库存现金	8 000		(A)		23 000	
银行存款	55 000		25 000	(B)	52 000	
原材料	(C)		6 600		(D)	
固定资产	192 000				192 000	
短期借款		46 000	10 000			(E)
应付账款		(F)	3 000	6 600		(G)
实收资本		80 000		25 000		(H)
盈余公积		144 200				144 200
合计	287 000	287 000	(I)	(I)	(J)	(J)

第四章 制造业企业基本经济业务及核算

学习的主要内容

主要内容：制造业企业主要生产经营过程的基本阶段、核算方法和操作技能；有关成本的计算原则；运用账户进行会计核算的实务知识和技能。具体表现为：筹集资金核算需要设置的主要账户，筹集资金主要经济业务的核算；供应过程核算需要设置的主要账户，供应过程主要经济业务的核算，物资采购成本计算；生产过程核算需要设置的主要账户，生产过程主要经济业务的核算，产品制造成本核算；销售过程核算需要设置的主要账户，销售成本计算，销售过程主要经济业务的核算；利润和利润分配核算需要设置的主要账户，利润和利润分配过程主要经济业务的核算。

基本要求：了解制造业企业主要生产经营过程的基本阶段以及基本经济业务，理解制造业企业经济业务环节中有关成本包括原材料采购成本、生产成本以及销售成本的归集原则，掌握运用账户、采用借贷记账法进行会计核算的实务知识和技能。掌握筹集资金核算需要设置的主要账户，以及筹集资金主要经济业务的核算；掌握供应过程核算需要设置的主要账户、供应过程主要经济业务的核算以及物资采购成本计算；掌握生产过程核算需要设置的主要账户、生产过程主要经济业务的核算以及产品制造成本核算；掌握销售过程核算需要设置的主要账户、销售过程主要经济业务的核算以及销售成本计算；掌握利润和利润分配核算需要设置的主要账户，以及利润和利润分配过程主要经济业务的核算。

本章的重点难点

1. 供应过程中：核算原材料采购成本的"在途物资"或者"材料采购"账户的正确应用

"在途物资"或者"材料采购"账户属于资产类账户，是用于核算企业已经购买但尚未验收入库的材料发生的买价、运杂费等构成材料的采购成本的账户。

（1）构成材料的采购成本费用包括：

①材料的买价，即购货发票注明的货款金额。

②采购费用，即采购过程中的运杂费，主要包括应由本企业负担的运输费、包装费、装卸费、保险费、仓储费等。

③材料在运输途中发生的合理损耗，即在运输途中所产生的定额内合理损耗。

④材料入库之前发生的整理挑选费用,这些整理挑选费用不仅包括材料入库前发生的技术性检验及整理挑选费用,还应包括挑选中发生的损耗,并扣除下脚料、废料的剩余价值。

⑤税费及其他费用,即按规定应计入材料采购成本的各种税费和其他费用。这里其他费用包括大宗物资的市内运杂费等。但需要注意的是,市内零星运杂费、采购人员的差旅费以及采购机构的经费等不构成材料的采购成本,应记入期间费用。

(2)材料处于尚未验收入库的状态。此时,可以把相关费用记入"在途物资"或者"材料采购"账户。

(3)"在途物资"或者"材料采购"账户的正确应用。企业为核算原材料的成本,可以选择设置"在途物资"账户,或者选择设置"材料采购"账户,二者选一个即可。两账户的主要区别是:

①账户适用的条件不同。选择"在途物资"账户,或者选择"材料采购"账户,来记录和核算材料的成本问题,是材料成本核算的第一步。当然,应该选择哪一个账户来记录尚未验收入库的材料成本,主要取决于该企业在材料管理工作中,采用的核算管理模式。如果企业采用实际成本法组织收发核算,则设置"在途物资"账户归集材料的成本;如果企业采用计划成本法组织收发核算,则设置"材料采购"账户归集材料的成本。特别指出,"在途物资"并非是正在运输途中的材料,这里往往引起较多初学者在理解上产生歧义,要特别重视对这个账户经济内容的理解。

②当材料验收入库,将其结转到"原材料"账户时,其结转金额依据是不同的。"在途物资"账户结转到"原材料"账户的金额,是以材料发生的实际成本计算结转;而"材料采购"账户结转到"原材料"账户的金额,是以企业预先设定材料的计划成本金额结转。

③材料验收入库后,会计期末终了对企业的材料成本进行修正的处理方法是不同的。

当企业采用"在途物资"账户核算时,由于验收入库的材料是以实际成本的金额验收入库,因此在这里不会产生差异,会计期末终了,对企业购进材料的成本不用进行修正处理。

当企业采用"材料采购"账户核算时,由于材料是以计划成本的金额验收入库,因此材料的实际成本与计划成本会产生差异,此时,在账户设置上,需要增设"材料成本差异"账户,会计期末终了时,应对企业的材料成本进行修正处理。会计期末,当企业按照材料的计划单价计算金额后,将材料的成本从"材料采购"账户借方,结转到"原材料"账户借方,由于结转的金额是按照计划单价结转,此时,计划的单价与购进的材料成本单价是有差异的,两者之间的差异金额,将记入"材料成本差异"账户。会计终了,"材料成本差异"账户的余额有可能在借方,也有可能在贷方。

如何用"材料成本差异"账户调整和修正"原材料"账户的金额,最终核算出材料的真正成本呢?按照前面所学的会计理论知识,显然"材料成本差异"账户就是"原材料"账户的调整账户,用于修正原材料的真正成本,被调整账户是"原材料"账户。由于"材料成本差异"账户的余额有可能在借方,也有可能在贷方,因此,"材料成本差异"账户属于调整账户中的备抵附加账户。会计期末"材料成本差异"账户余额在借方,反映了所发生的材料成本的超支额,则需调增原材料账户的成本(即加上);会计期末"材料成本差异"账户余额在贷方,反映了所发生的原材料成本的节约额,则需调减原材料账户的成本(即减去),以此正确反映企业材料的实际成本。

下面举例说明两个调整过程的计算关系。

由图 4-1 的两个账户可知:

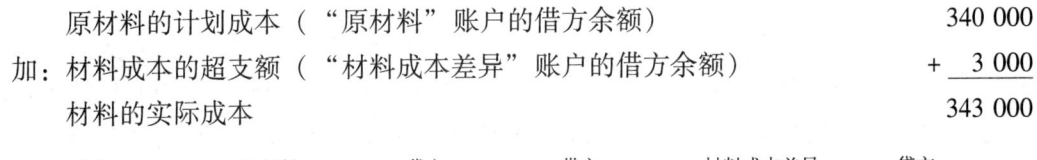

原材料的计划成本("原材料"账户的借方余额)	340 000
加:材料成本的超支额("材料成本差异"账户的借方余额)	+ 3 000
材料的实际成本	343 000

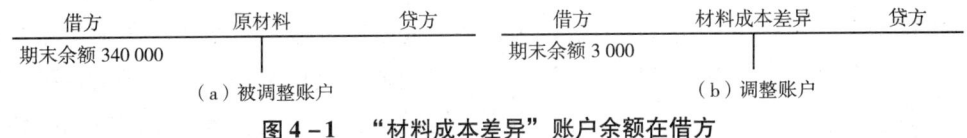

借方	原材料	贷方		借方	材料成本差异	贷方
期末余额 340 000				期末余额 3 000		
	(a) 被调整账户				(b) 调整账户	

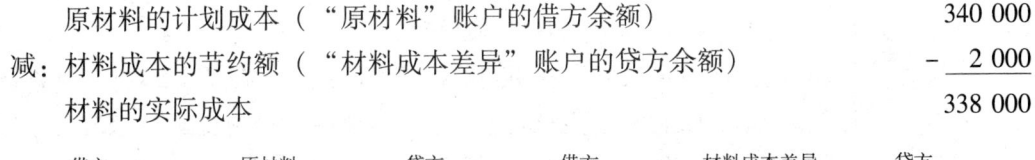

图 4-1 "材料成本差异"账户余额在借方

由图 4-2 的两个账户可知:

原材料的计划成本("原材料"账户的借方余额)	340 000
减:材料成本的节约额("材料成本差异"账户的贷方余额)	- 2 000
材料的实际成本	338 000

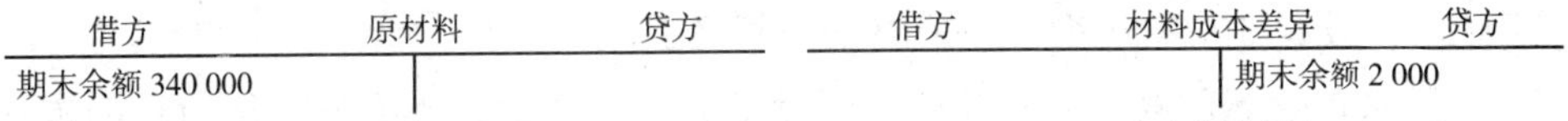

借方	原材料	贷方		借方	材料成本差异	贷方
期末余额 340 000						期末余额 2 000
	(a) 被调整账户				(b) 调整账户	

图 4-2 "材料成本差异"账户余额在贷方

2. 供应过程中:增值税的账户设置及核算问题

按照我国的税法规定,在中华人民共和国境内销售货物或者加工、修理修配劳务,销售服务、无形资产、不动产以及进口货物的单位和个人,为增值税的纳税人。随着前几年我国"营改增"等税制改革的推进,增值税已经成为企业经营过程中非常重要的税种。增值税是对商品或者劳务增值部分征收的税种,因此企业在购买原材料时,除按照经济合同约定对材料的买价和运杂费进行结算外,还涉及企业应缴纳的增值税的核算。由于增值税的核算实务性较强,很多初学者很难理解。

(1) 账户的设置。设置"应交税费——应交增值税"账户。该账户属于负债类账户,是"应交税费"账户的明细账户,用来核算企业应交和实交增值税的情况。

(2) "应交税费——应交增值税"账户借、贷方的正确使用和余额的含义。

① "应交税费——应交增值税"账户借方。当企业因购买材料或接受应税劳务(服务)时,除应支付买价及运杂费外,同时需要向供应单位支付其原材料或者应税劳务(服务)增值部分应缴纳的增值税额,通常称为增值税进项税额。此时,按照借贷记账法负债类账户记账规则,这部分材料和应税劳务已经缴纳了增值税,使企业的负债减少,因此将增值税进项税额记入"应交税费——应交增值税"账户借方。同理,实际已经缴纳的增值税也应记入借方,账户的记账方向与记录的内容见图 4-3。

借方	应交税费——应交增值税	贷方
进项税额和实际已交的增值税	销项税额，转出已支付或应分担的增值税	
多交或尚未抵扣的增值税	尚未交纳的增值税费	

图 4-3 应交增值税账户

②"应交税费——应交增值税"账户贷方。当企业因销售产品或提供应税劳务（服务）时，除应收取买价或者运杂费，同时还应向购买单位收取由购买单位支付的增值税额（显然销售企业是代替国家收取增值税额，最终在会计期末时，由企业再上交国家），在销售时收取的增值税额，通常称为增值税销项税额。此时，按照借贷记账法负债类账户记账规则，由于收到代国家收取的增值税销项税额，使企业的负债增加，因此将增值税销项税额记入"应交税费——应交增值税"账户贷方。同理，转出已支付或应负担的增值税，也应记入贷方，账户的记账方向与记录的内容见图 4-3。

③因此，不难看出，期末余额在借方，反映企业多缴或尚未抵扣的增值税额，期末余额在贷方，反映企业尚未向税务部门缴纳的增值税额。

④综上，该账户应按增值税项目设置明细账，进行明细分类核算。编制会计分录时，企业因购货发生增值税时，设置"应交税费——应交增值税（进项税额）"账户；因销货发生增值税时，设置"应交税费——应交增值税（销项税额）"账户。

（3）增值税的计算问题。正常开展经营活动的一般企业，既会发生增值税的进项税额（支付给供应单位的），也会发生增值税的销项税额（收取购货单位的），这就显现出一个核心问题：会计期末终了，企业应向国家缴纳的增值税额金额到底是多少？此时，取决于企业增值税纳税人的身份界定，身份不同，缴纳增值税的计算方式有明显差异。

①企业增值税纳税人的身份。按照我国税法的相关规定，企业增值税纳税人的身份有两种，分别是一般纳税人和小规模纳税人，两者在身份的界定条件、增值税税率的选取以及计算方式上都有明显区别。

②增值税纳税人身份界定条件、增值税税率的选取以及计算方式。增值税的一般纳税人和小规模纳税人在身份的界定条件、增值税税率的选取以及计算方式上都有明显区别。具体内容如表 4-1 所示。

表 4-1 增值税计算

纳税人身份	界定条件	增值税的计算方法	税率或征收率
一般纳税人	(1) 制度上的要求：会计核算健全，能提供准确的税务资料；(2) 规模上的要求：年应税销售额超过 500 万元。以上两条，制度上的要求是必要条件	能够抵扣进项税；应缴纳的增值税 = 增值税（销项税额）- 增值税（进项税额）	税率：13%或9%或6%
小规模纳税人	(1) 制度上的要求：没有健全的会计制度，不能提供准确的税务资料；(2) 规模上的要求：年应税销售额小于 500 万元	不能抵扣进项税额；应缴纳的增值税 = 销售收入×征收率	征收率：3%或5%

这里需要说明的是，表 4-1 中关于界定条件的规模金额的数额以及税率大小的选取，是当前执行的标准，随着我国经济发展的变化以及我国税制的改革，上述数据指标有可能会产生变化，但界定身份特点的两个基本要素——制度上的要求和规模上的要求，作为评判其身份的基本要素一般是不会变化的。

3. 三个重要的概念：支出、费用与成本的区别

制造业企业日常经营活动中会涉及成本的计算问题（比如某一产品生产成本的计算等）。成本计算是会计核算的专门方法，划清成本、费用和支出的界限，是成本计算的基本要求之一。成本、费用和支出有着密切的联系，又有着明显的区别。

（1）支出的具体表现：支出是企业日常发生的全部支出，无论与产品的生产经营是否有关，都作为支出。

（2）费用的具体表现：费用是在一定期间为了进行生产经营活动而发生的各项耗费。尽管费用的发生过程就是成本的形成过程，费用是产品成本形成的基础，但费用并不等于成本。费用强调"期间"，是按一定会计期间汇集的资金耗费。按照会计分期假设的要求，费用不能跨期归集，例如常见的管理费用、财务费用以及销售费用等期间费用，都是费用的具体表现，会计期末终了一般没有余额，抵减当期利润。

（3）成本的具体表现：成本是为生产某一产品或提供某一劳务所消耗的费用，并且消耗应从产品销售或劳务收入中得到补偿的费用。成本是费用中的一部分，按生产对象归集，成本强调"对象"，与负担者直接相关，是以产品或劳务为对象进行归集的资金耗费。产品生产成本的归集与核算，就是将企业生产过程中为制造产品所发生的各种费用，按照所生产产品的品种，即成本计算对象，进行归集和分配，计算各种产品的总成本和单位成本。例如生产成本就是成本的具体表现。

（4）综上所述，可以得出以下结论：

①支出的范畴最大，既包括与生产经营活动相关的支出，也包括与生产经营活动没有直接关系但也属于企业损耗的支出。其中，与生产经营有关的活动产生的支出一般称为成本、费用，是支出的构成范畴。

②成本是费用的一部分，按照对象归集。费用中部分内容构成成本项目，而部分费用不构成成本项目。

③构成成本项目的费用按产品对象归集后计入成本，该部分耗费从产品销售或劳务收入中得到补偿；不构成成本项目的费用按会计期间归集后计入期间费用（管理费用、财务费用和销售费用），该部分耗费从当期利润中得到补偿，直接扣减当期利润，并不跨会计期间归集和处理。

4. 生产过程中："制造费用"和"生产成本"账户的正确应用

"制造费用"和"生产成本"账户都是企业在核算产品成本时，需要设置的两个账户。两者有共同的特点，但在使用中也有明显差异，应正确根据经济业务发生的经济内容，正确应用两个不同的账户。

（1）两者的共同点：账户的性质相同，属于成本类的账户，业务发生后借贷记账法的记账方向是一致的。

(2) 两者的不同点。

①账户记录的经济内容不同。"生产成本"账户是用以归集在生产过程中为产品生产而发生的直接材料费、直接人工费和制造费用,并计算产品的实际成本。"制造费用"账户用以归集在生产过程中为了制造产品而发生的与产品生产相关的、也是产品成本的成本项目,但需要按一定标准在相关产品中分配后,再计入产品成本的各种间接费用。例如,企业车间的生产设备及设施的折旧费、辅助材料消耗、车间管理人员工资等与产品生产相关的各种间接费用。

当然,随着新的会计准则的变化,要特别注意,对于生产车间固定资产的维修费用,按照新会计准则的规定,其核算发生了变动。生产车间固定资产的维修费用,不再记入"制造费用"中核算。按照新会计准则的规定,对于生产车间固定资产的维修费用的正确核算方法是,不满足固定资产准则第四条规定确认条件的固定资产修理费等,应当在发生时计入当期损益。此时,不论企业生产车间(部门),还是行政管理部门等发生的固定资产修理费用等后续支出,均在"管理费用"账户中核算,生产车间的固定资产维修费不再记入"制造费用"账户。

综上所述,直接生产费用不用分配,直接记入"生产成本"账户;与生产相关的各项间接费用(车间的固定资产的维修费除外),发生时记入"制造费用"账户中归集,在会计期末时按一定的标准在产品中进行分配后,将分配后的金额由"制造费用"结转到"生产成本"账户。例如,生产某产品原材料(即直接费用)的耗费,直接记入"生产成本"账户,车间原材料的耗费(即间接费用),应记入"制造费用"账户归集,会计期末分配后再记入"生产成本"账户。"制造费用"分配的基本计算方法如下:

$$制造费用分配率 = 制造费用总额 \div 某一"标准"总量$$
$$某产品应分配的制造费用 = 制造费用分配率 \times 某种产品的"标准"量$$

②会计期末终了,账户的期末余额的表现不同。"生产成本"账户在会计期末有可能有余额,也有可能没有余额。假设期末没有余额,说明会计期末生产的产品已生产完工并验收入库,变成具有某种使用价值的库存商品;假设期末有余额,说明会计期末投产的产品还未完成所有的加工,仍然呈现的是一种半成品的状态。此时,将"生产成本"的期末余额转入新的会计期间,作为该批产品生产成本的期初余额,继续由生产部门加工生产,直到该批产品完工并验收入库。

"制造费用"账户,会计期末其账户没有余额。其余额结转到相关的"生产成本"账户里面。

5. 企业经营过程中,特别容易混淆的税种的核算

按照我国税收制度的有关要求,增值税、所得税以及除此以外的国家需征收的其他税费(例如教育费附加、消费税、资源税等),企业都有定期履行、上缴有关税收的义务。因此,基于借贷记账对三类税收的会计核算,在设置账户等确认、计量和报告的环节中有明显的不同。

（1）增值税本身是一种价外税，应该由消费者负担，不应当作为营业收入的抵减项目。因此，当发生增值税的经济业务时，此时，应正确设置"应交税费——增值税（进项税额）"和"应交税费——增值税（销项税额）"账户，一一对应核算。其中，当企业发生购买原材料及其劳务环节的增值税时，应借记"应交税费——增值税（进项税额）"；当企业发生销售产品及其劳务环节的增值税时，应贷记"应交税费——增值税（销项税额）"。会计期末终了，应缴纳的增值税额，取决于企业纳税人的身份。具体处理方法见本章的重点难点分析2。

（2）当企业发生除增值税、所得税以外需征收的其他税费（例如教育费附加、消费税以及资源税等）时，会抵减当期的会计利润，此时应正确设置"税金及附加"账户（注：按最新的规定，"税金及附加"账户替换了原来的"营业税金及附加"账户）和"应交税费——×××（具体的税目）"的二级明细分类账户，一一对应核算。当发生教育费附加、消费税等税收业务时，应借记"税金及附加"账户，贷记"应交税费——×××（具体的税目）"。特别提醒初学者，使用"税金及附加"账户时，要注意它的经济性质，该账户属于损益类账户，是用来核算应由企业经营业务负担的各种税金和附加以及其结转情况的账户。例如：按国家规定的税率，计算已销 A 型产品应交消费税 6 900 元，此时，应编制的分录如下：

借：税金及附加　　　　　　　　　　　　　　　　　　　　　　　6 900
　　贷：应交税费——应交消费税　　　　　　　　　　　　　　　　　6 900

会计期末终了，将"税金及附加"账户的余额结转到计算利润的账户"本年利润"账户中，以抵减当期的利润，正确核算出当期利润水平（注意：是利润总额）；结转后该账户期末没有余额。当然，在企业的会计实务中，计算本期应缴纳的各种税金及附加，原则上是根据当月应纳税所得额，按照规定的税率计算，于下月初缴纳。

（3）会计期末终了，企业发生相关所得税时，企业的所得税按照会计核算的处理方法，也要单独核算。

所得税可以看成是国家分享企业利润的形式，当企业发生所得税时，应正确设置"所得税费用"账户和"应交税费——应交所得税"账户，一一对应核算。当发生计提的所得税时，应借记"所得税费用"账户，贷记"应交税费——应交所得税"账户。此时，"所得税费用"账户的性质为损益类账户，用来核算企业按照有关规定应在当期损益中扣除的所得税费用的计算及其结转情况。例如，按本月实现的利润总额计提公司应交所得税为 6 300元，应编制的分录如下：

借：所得税费用　　　　　　　　　　　　　　　　　　　　　　　6 300
　　贷：应交税费——应交所得税　　　　　　　　　　　　　　　　　6 300

会计期末终了，将"所得税费用"账户的余额，结转到计算利润的账户"本年利润"账户中，以抵减当期的利润总额，正确核算出当期净利润（注意：是净利润），结转后该账户期末没有余额。

6. 利润形成及分配环节中："本年利润"账户和"利润分配"账户的正确应用

（1）"本年利润"账户和"利润分配"账户的异同。"本年利润"账户和"利润分配"账户，是企业利润形成及分配环节中，非常重要的两个账户。由于初学者对企业实务细节的不甚理解，两个账户在具体使用时被混淆甚至使用错误是非常普遍的现象。下面从两个方面解析"本年利润"账户和"利润分配"账户的正确应用。

①它们的共同点：性质相同，均属于所有者权益类账户。在借贷记账法下，它们的记账方向是一致的，即增加记在贷方，减少记在借方。

②它们的不同点：核算的经济内容不同。

"本年利润"账户一般在会计期末时利润的形成过程中设置，用以反映和监督企业当期的利润形成过程及结果的情况的账户。其中，贷方登记会计期间终了时使得当期利润增加的项目，例如登记"主营业务收入""其他业务收入""营业外收入""公允价值变动收益""投资收益"等账户转入的各项余额；借方登记会计期间终了时使得当期利润减少的项目，例如登记"主营业务成本""其他业务成本""营业外支出""税金及附加""管理费用""财务费用""销售费用""资产减值损失""公允价值变动损失""投资损失""所得税费用"等账户转入的各项余额。该账户期末余额如果在贷方，表示实现的累计净利润；如果在借方，表示累计发生的亏损。

"利润分配"账户一般是在年度终了时，企业实现的净利润即税后利润，在企业和投资者之间进行合理分配过程中设置，反映和监督企业在会计年度内实现净利润的分配情况或发生亏损的弥补情况。其中，贷方登记年末由"本年利润"账户转入的本年实现的净利润以及盈余公积弥补的亏损数；借方登记提取的盈余公积、应付股利等利润分配的数额；贷方余额表示企业未分配利润，借方余额表示未弥补亏损。

（2）"本年利润"账户和"利润分配"账户的关系。"本年利润"账户和"利润分配"账户，是具有一定的前后衔接关系、相互配合、共同实现对利润的形成过程和分配过程的账户。

第一，企业结合"本年利润"账户的设置及应用，每个会计期末，通过"本年利润"账户借、贷方的记录结算出累计余额，贷方余额表示实现的累计净利润，借方余额表示累计发生的净亏损。

第二，年末终了，应将"本年利润"账户的余额转入"利润分配"账户。如果是净利润，应将实现的净利润转入"利润分配"账户的贷方，如果是净亏损，应将发生的净亏损转入"利润分配"账户的借方，该账户年末结转后没有余额。

第三，年末终了，将"利润分配"账户中的余额，在企业和股东中实现分配业务。"利润分配"账户在实务中，应按"提取法定盈余公积""提取任意盈余公积""应付股利""转作股本的股利""盈余公积补亏""未分配利润"等分配项目设置明细账，进行明细分类核算。

为更好地帮助初学者掌握两个账户在借贷记账法下的账户的正确设置及其核算，现结合企业利润形成业务以及分配业务的实际过程，举例如下。

【例1】 12月31日（年度终了），某中小企业的会计资料显示，其"本年利润"账户有贷方余额93 899元，将其转入"利润分配"账户。应编制的会计分录如下：

　　借：本年利润　　　　　　　　　　　　　　　　　　　　　　93 899
　　　　贷：利润分配——未分配利润　　　　　　　　　　　　　　　　93 899

结转后，"本年利润"账户无余额。

【例2】 12月31日（年度终了），按本期实现净利润的10%计提法定盈余公积9 389.9元。应编制的会计分录如下：

　　借：利润分配——提取法定盈余公积　　　　　　　　　　　　9 389.9
　　　　贷：盈余公积——法定盈余公积　　　　　　　　　　　　　　9 389.9

【例3】 12月31日（年度终了），按股利分配方案计算，应支付股东利润总额50 000元。应编制的会计分录如下：

　　借：利润分配——应付股利　　　　　　　　　　　　　　　　50 000
　　　　贷：应付股利　　　　　　　　　　　　　　　　　　　　　　50 000

练习题

一、单项选择题

1. 期末将各项收入进行结转时，应该贷记（　　）。
   A. 主营业务收入　　　　　　　　B. 其他业务收入
   C. 本年利润　　　　　　　　　　D. 利润分配

2. 对固定资产计提折旧，应该贷记（　　）。
   A. 固定资产　　B. 制造费用　　C. 管理费用　　D. 累计折旧

3. 企业在生产过程中与产品生产相关的各种间接费用应（　　）。
   A. 计入销售费用
   B. 直接计入产品成本
   C. 先计入制造费用，期末再分配计入产品成本
   D. 计入管理费用

4. 企业将多余的原材料进行销售取得的收入应计入（　　）。
   A. 资本公积　　　　　　　　　　B. 主营业务收入
   C. 其他业务收入　　　　　　　　D. 营业外收入

5. 企业为生产产品而发生的直接材料费和直接人工费应计入（　　）。
   A. 销售费用　　B. 制造费用　　C. 生产成本　　D. 管理费用

6. 车间管理人员的工资应计入（　　）。
   A. 销售费用　　B. 制造费用　　C. 生产成本　　D. 管理费用

7. 某企业资产总额为100万元，假设发生下列业务：①收到投资者投入资金20万元；

②用银行存款支付到期借款 12 万元；③商业汇票到期兑现并将收到的 5 万元资金存入银行，则企业资产总额会变成（　　）万元。

　　A. 108　　　　　B. 113　　　　　C. 103　　　　　D. 120

8. 企业行政管理部门人员的工资应记入（　　）账户。

　　A. 销售费用　　　B. 生产成本　　　C. 制造费用　　　D. 管理费用

9. 用银行存款支付原材料的购买价款和增值税额，该业务编制的会计分录会涉及（　　）。

　　A. 一个资产类科目，两个负债类科目　　B. 两个资产类科目，一个类负债科目

　　C. 都是负债类科目　　　　　　　　　　D. 都是资产类科目

10. "主营业务成本"账户借方对应的贷方账户一般是（　　）。

　　A. 原材料　　　　B. 库存商品　　　C. 本年利润　　　D. 主营业务收入

11. 企业为筹集生产经营所需资金而发生的费用应记入（　　）账户。

　　A. 管理费用　　　B. 销售费用　　　C. 制造费用　　　D. 财务费用

12. 下列项目不应计入管理费用的是（　　）。

　　A. 车间管理人员的工资　　　　　　　B. 行政管理人员的工资

　　C. 管理部门固定资产折旧费　　　　　D. 管理部门的办公费

13. 企业本期收到销货款 100 000 元，其中属于上月应收 20 000 元，本月应收 50 000 元，预收下月 30 000 元。那么在权责发生制下本月应确认的收入为（　　）元。

　　A. 20 000　　　B. 30 000　　　C. 50 000　　　D. 100 000

14. 企业支付的罚款应列作（　　）。

　　A. 主营业务成本　　　　　　　　　　B. 营业外支出

　　C. 管理费用　　　　　　　　　　　　D. 其他业务成本

15. 企业购买的原材料验收入库后，应该转入（　　）账户的借方。

　　A. 库存商品　　　B. 原材料　　　　C. 材料采购　　　D. 在途物资

16. 如果某企业 9 月底利润分配账户贷方余额为 60 000 元，本年利润账户借方余额为 20 000 元，则表明该企业本年度到 9 月底（　　）。

　　A. 未分配利润为 40 000 元　　　　　B. 未弥补亏损为 40 000 元

　　C. 未分配利润为 60 000 元　　　　　D. 未弥补亏损为 20 000 元

17. 下列应记入销售费用账户的是（　　）。

　　A. 销售产品发生的广告费　　　　　　B. 销售产品发生的增值税

　　C. 销售产品发生的消费税　　　　　　D. 销售产品的生产成本

18. 下列应记入制造费用账户的是（　　）。

　　A. 生产车间工人的工资　　　　　　　B. 生产车间的固定资产折旧费

　　C. 行政管理人员的工资　　　　　　　D. 生产产品领用的原材料

19. "生产成本"账户的期末借方余额表示（　　）。

　　A. 本期生产成本的合计数　　　　　　B. 已完工产品的实际成本

　　C. 尚未入库的材料成本　　　　　　　D. 尚未完工的在产品成本

20. 年末结转后,"利润分配"科目除（　　）明细科目外,其他明细科目应无余额。
   A. 应付股利   B. 提取法定盈余公积
   C. 提取任意盈余公积   D. 未分配利润
21. 年末结转后,"利润分配"科目的贷方余额说明（　　）。
   A. 未弥补亏损   B. 利润实现额
   C. 未分配利润   D. 利润分配额
22. 企业计算应交的企业所得税时,应该借记（　　）。
   A. 税金及附加   B. 所得税费用
   C. 本年利润   D. 应交税费
23. 企业发生的与产品销售有关的费用,称为（　　）。
   A. 销售费用   B. 管理费用   C. 财务费用   D. 制造费用
24. 下列项目最终会转入产品生产成本的是（　　）。
   A. 管理费用   B. 财务费用   C. 销售费用   D. 制造费用
25. 企业计提盈余公积时应该贷记（　　）。
   A. 盈余公积   B. 利润分配   C. 本年利润   D. 资本公积
26. （　　）账户反映的是投资者的原始投资。
   A. 实收资本   B. 资本公积   C. 固定资产   D. 银行存款

二、多项选择题

1. 材料的采购成本一般包括（　　）。
   A. 材料的买价   B. 材料的增值税   C. 材料的采购费用
   D. 运输途中的合理损耗   E. 入库前的挑选整理费用
2. 生产成本账户借方登记的内容包括（　　）。
   A. 车间生产设备的折旧费   B. 直接人工费用
   C. 分配转入的制造费用   D. 直接材料费用
   E. 车间管理人员的工资费用
3. 营业外支出科目核算的内容包括（　　）。
   A. 企业发生的非正常损失   B. 销售产品发生的广告费
   C. 固定资产的盘亏损失   D. 销售多余原材料的成本
   E. 报废固定资产净损失
4. 企业筹措的资本金包括（　　）。
   A. 权益资本   B. 产品销售   C. 债务资本   D. 产品生产
5. 属于产品生产过程中发生的费用包括（　　）。
   A. 产品生产领用的原材料   B. 购买原材料发生的费用
   C. 车间耗用的原材料   D. 车间固定资产折旧费
   E. 生产车间工人的工资
6. 某企业购买 A 和 B 两种原材料,下列属于 A 或 B 材料的直接计入费用的有（　　）。

A. 两种材料的共同装卸费 B. A 材料的买价
C. 两种材料的共同运费 D. B 材料的买价
E. A 材料的包装费

7. 会计分录中"实收资本"对应的科目可能有（   ）。
A. 固定资产　　　B. 其他应收款　　　C. 银行存款　　　D. 应收账款

8. 留存收益主要包括（   ）。
A. 实收资本　　　B. 盈余公积　　　C. 未分配利润　　　D. 资本公积

三、判断题

1. 车间管理人员的薪酬属于间接生产费用。（   ）
2. 应收账款的明细科目应按照购买客户来设置。（   ）
3. "营业外收入"账户是用来核算企业发生的与生产经营无直接关系的各项收入的账户。（   ）
4. "应付股利"账户期末贷方余额表示企业已经发放的股利或利润。（   ）
5. 增值税属于价外税，不通过"税金及附加"账户来核算。（   ）
6. "短期借款"期末余额在借方，表示尚未偿还的短期借款本金结存额。（   ）
7. "原材料"账户应按材料的不同种类设置明细分类账。（   ）
8. 一般"主营业务收入"明细账的设置应与"主营业务成本"相同。（   ）
9. 投资者既可以用货币性资产出资，也可以用符合法律规定的实物资产或无形资产作价投资。（   ）
10. "累计折旧"账户的期末余额在借方，表示期末累计已计提的折旧额。（   ）
11. 盈余公积是期末从利润总额中提取的。（   ）
12. 生产车间计提的固定资产折旧费应记入"生产成本"账户。（   ）
13. 不考虑其他因素的变动，期间费用的增加会使利润有所减少。（   ）
14. 生产车间耗用的原材料费用应记入"制造费用"账户的借方。（   ）
15. "生产成本"账户期末的借方余额表示尚未完工的在产品成本。（   ）
16. 原材料的采购费用属于企业的期间费用。（   ）
17. 固定资产在使用过程中的磨损价值记入"固定资产"账户的贷方。（   ）
18. 行政管理部门的办公费应记入"制造费用"账户的借方。（   ）
19. "利润分配——未分配利润"账户期末如为借方余额，则表示企业的未弥补亏损。（   ）
20. 企业行政管理人员的薪酬应计入产品的生产成本。（   ）
21. "制造费用"账户期末结转后无余额，"生产成本"账户期末可能有余额，也可能无余额。（   ）
22. 行政管理部门固定资产的折旧费应记入"制造费用"账户的借方。（   ）
23. "营业外支出"是反映与生产经营无直接关系的各项支出的账户。（   ）
24. 企业的材料采购成本包括发生的增值税等各种税费。（   ）

25. 企业的材料采购成本就是购货发票上的金额总数。（   ）

26. "制造费用"账户期末应将其金额按照一定的标准分配转入各个产品的"生产成本"账户。（   ）

四、业务处理题

1. 浙江某民营企业为增值税一般纳税人，20××年8月企业发生下列经济业务：向飞云集团购入甲种材料1 600千克，每千克10元；乙种材料800千克，每千克16元，增值税共计3 744元；购入两种材料共同耗用装卸运杂费720元，所有费用均用银行存款支付。如果公司对原材料选择采用计划成本计价的方式组织收发核算时，甲种材料的计划成本为每千克12元，乙种材料的计划成本为每千克15元。

要求：

（1）按购入材料的重量比例分配运杂费，试分别计算甲种材料和乙种材料实际的采购成本。

（2）假设购买的材料尚未验收入库，请根据上述资料，分别编制计划成本法和实际成本法下，企业采购甲、乙两种材料的会计分录。

（3）假设购买的材料已验收入库，请根据上述资料，分别编制计划成本法和实际成本法下，甲、乙两种材料验收入库的会计分录。

2. 某公司年初的所有者权益总额为200万元，本年实现的利润总额为60万元。

要求：

（1）假设公司本年度的应纳税所得额和会计利润总额相等，企业所得税税率为25%，计算该公司本年应交所得税并编制相关的会计分录。

（2）公司按照本期净利润的10%和5%分别计提法定盈余公积和任意盈余公积，请编制相关会计分录。

（3）年末向股东宣告发放股利10万元，请编制相关的会计分录。

（4）计算该公司本年末的未分配利润和所有者权益总额。

3. 浙江省某民营企业是一家制造企业，其12月发生下列经济业务：

（1）向银行借入3年期借款80 000元存入银行。

（2）销售A产品10件，单价2 920元，货款29 200元，销项税3 796元，款项已存入银行。

（3）用银行存款支付销售费用1 350元。

（4）以银行存款支付本月财务费用（临时借款利息）1 200元。

（5）结转已销A产品的销售成本12 476元。

（6）计算应交城市维护建设税1 710元。

（7）盘盈现金2 800元，经批准作营业外收入处理。

（8）以现金260元，支付延期提货的罚款。

（9）月末，将"主营业务收入""营业外收入"账户结转"本年利润"账户。

（10）月末，将"主营业务成本"、"税金及附加"、"销售费用"、"管理费用"（账户余额为 7 600 元）、"财务费用"和"营业外支出"结转到"本年利润"账户。

要求：

（1）根据上述资料编制会计分录。

（2）假设企业"本年利润"账户无初期余额，计算本月应交所得税，税率为 25%（要求列出计算式）。

（3）根据计算结果，编制计提应交所得税的会计分录。

（4）月末，将所得税结转"本年利润"账户，编制该业务的会计分录。

（5）月末，计算企业本月实现的净利润（要求列出计算式）。

4. 假设某公司对原材料的核算一直采用计划成本计价的方式组织收发核算。为简化计算，公司原材料的计划成本与实际成本不存在差异。20××年 12 月公司发生的经济业务如下：

（1）收到海悦公司投入的货币资金 500 000 元，款项已存入银行。

（2）从甲公司购进 A 材料一批，重量 10 吨，每吨 10 000 元，增值税税率 13%。A 材料尚在运输途中，款项已用银行存款支付。

（3）上述 A 材料验收入库，结转其采购成本。

（4）生产产品领用 B 材料 13 968 元，其中甲产品耗用 8 112 元，乙产品耗用 5 856 元。

（5）结算本月工资费用总额 6 000 元，其中：甲产品生产工人工资 2 400 元，乙产品生产工人工资 1 200 元，车间管理人员工资 1 200 元，厂部管理人员工资 1 200 元。

（6）按本月应付工资的 14% 计提职工福利费。

（7）月末计提固定资产折旧费共计 2 880 元，其中，车间应计提 2 160 元，厂部管理部门应计提 720 元。

（8）将本月发生的制造费用总额 3 528 元，企业按生产工人工资分配计入甲、乙产品生产成本。

（9）本月生产甲、乙两种产品各 1 200 件，全部完工验收入库，结转甲、乙产品的生产成本（假定"生产成本"账户无月初、月末余额）。

（10）本月销售甲、乙两种产品各 960 件，价款总额 40 320 元，其中甲产品价款 24 640 元，乙产品价款 15 680 元，增值税销项税额共计 5 241.6 元，款项全部收到存入银行。

（11）以银行存款 600 元支付本月厂部管理部门水电费。

（12）计算并结转本月已销产品的销售成本 17 280 元，其中甲产品 10 560 元，乙产品 6 720 元。

（13）月末结转本月发生的各种收入。

（14）月末结转本月发生的各种费用。

（15）计算并结转所得税费用（所得税税率为 25%，假定该月发生的收入、费用即为全年发生额）。

（16）计算净利润并将其转入"利润分配——未分配利润"账户。

（17）年末，企业按 10% 提取法定盈余公积，并决定向投资者分配利润 8 000 元。

(18) 年末将"利润分配"其他明细账户的余额转入"利润分配——未分配利润"账户。

要求：请根据上述资料，编制各经济业务的会计分录。

5. 江苏省某民营企业是一家小型制造业企业。企业在日常的管理中，对原材料的核算一直采用实际成本法核算。企业20××年6月发生的部分经济业务如下：

（1）收到天天公司投入的货币资金500 000元，款项已存入银行。

（2）从甲公司购进A材料一批，重量10吨，每吨10 000元，增值税税率13%。材料尚在运输途中，款项已用银行存款支付。

（3）以银行存款支付上述A材料的运输费1 000元。

（4）上述A材料验收入库，结转其实际采购成本。

（5）车间管理人员出差，预借差旅费2 000元。

（6）生产车间从仓库领用B材料11 610元，其中，生产甲产品领用B材料6 450元，生产乙产品领用B材料5 160元。

（7）结算本月应付职工工资28 000元，按用途归集如下：甲产品生产工人工资10 000元；乙产品生产工人工资8 000元；车间职工工资4 000元；管理部门职工工资6 000元。

（8）按应付工资的14%提取职工福利费。

（9）计提本月固定资产折旧，车间使用的固定资产折旧1 200元，管理部门使用的固定资产折旧600元。

（10）以银行存款支付厂部管理部门办公费600元。

（11）以银行存款支付财务费用（银行短期借款利息）1 400元。

（12）车间管理人员出差回来，报销差旅费1 674元，余额归还现金。

（13）本期共发生制造费用7 434元，按生产工人工资的比例摊入甲、乙两种产品成本。

（14）本月甲产品100件、乙产品80件均已全部制造完成，并已验收入库。计算并结转两种产品的生产成本。

要求：根据上述资料，编制各经济业务的会计分录。

6. 和平公司生产A、B两种产品。公司对原材料的核算一直采用计划成本计价来组织收发核算，假设公司原材料的计划成本与实际成本一致。和平公司20××年6月发生下列经济业务：

（1）收到投资者投入机器一台，价值20 000元，已投入使用。

（2）购买甲种材料10 000千克，每千克29.70元，增值税税率13%，款项尚未支付。

（3）用银行存款支付上述甲种材料的运杂费3 000元。

（4）甲种材料已验收入库，结转其成本。

（5）公司本月生产领用甲种材料9 300千克，其中，生产A产品领用5 000千克，生产B产品领用4 000千克，生产车间一般耗用200千克，厂部管理部门耗用100千克。假设领用的甲种材料按 30 元/千克计算。

(6) 厂部管理部门原预借差旅费 300 元，现报销 250 元，余款交回。

(7) 分配本月应付工资总额 25 000 元，其中，A 产品生产工人工资 12 000 元，B 产品生产工人工资 8 000 元，车间管理人员工资 3 400 元，厂部管理人员工资 1 600 元。

(8) 本月计提固定资产折旧 6 000 元，其中车间应负担 5 600 元，厂部管理部门应负担 400 元。

(9) 用现金发放工资 25 000 元。

(10) 用银行存款支付本月企业厂部行政管理部门的电脑维修费 600 元。

要求：

(1) 根据资料编制经济业务的会计分录，其中有关材料和产品的分录要按品名列出明细科目。

(2) 假设本月制造费用按 A、B 产品生产工人工资的比例分配，试将本月制造费用在 A、B 两种产品中进行分配，并编制将"制造费用"分配计入 A、B 产品成本的会计分录。

(3) 已知本月 100 件 A 产品全部完工，B 产品全部未完工。假设 A 产品月初无在产品，试编制完工 A 产品的生产成本计算表。

完工 A 产品生产成本计算

项目	100 件 A 产品	
	总成本（元）	单位成本（元/件）
直接材料		
直接人工		
制造费用		
产品生产成本		

(4) 若本月 100 件完工 A 产品全部验收入库，试编制完工 A 产品验收入库的会计分录。

7. 蓝悦公司生产甲、乙两种产品。该公司为增值税一般纳税人，并且对原材料的核算一直采用实际成本计价来组织收发核算。蓝悦公司 20××年 4 月发生以下业务：

(1) 4 月 1 日，以银行存款偿还短期借款 50 000 元，长期借款 100 000 元。

(2) 4 月 1 日，向宏天工厂购进 C 材料 3 000 千克，单价 25 元，计 75 000 元，增值税 9 750 元，材料运费及装卸费 3 000 元，所有款项尚未支付。

(3) 4 月 2 日，本期购进的 C 材料已验收入库，结转 C 材料的采购成本。

(4) 4 月 3 日，各部门领用材料的汇总如下表所示。

领用材料汇总 单位：元

用 途	A 材料	B 材料	合 计
生产甲商品	24 000	16 000	40 000
生产乙商品	18 000	12 000	30 000
生产车间一般耗用		5 000	5 000
行政管理部门耗用		2 000	2 000
合 计	42 000	35 000	77 000

（5）4月10日，以现金支付上月职工工资37 500元。

（6）4月30日，分配本月职工工资37 500元，其中，生产甲商品工人工资18 000元，生产乙商品工人工资12 000元，车间管理人员工资3 000元，行政管理人员工资4 500元。

（7）4月30日，以本月工资总额的14%计提职工福利费。

（8）4月30日，计提本月固定资产折旧费9 700元，其中，生产车间8 904元，行政管理部门796元。

（9）4月30日，以银行存款支付本月报纸杂志费400元，其中，生产车间100元，行政管理部门300元。

（10）4月30日，以现金支付本月固定资产修理费2 000元，其中，生产车间1 500元，行政管理部门500元。

要求：

（1）根据上述资料，编制各经济业务的会计分录。

（2）本月生产甲商品耗用8 100工时，生产乙商品耗用5 100工时，企业按工时比例分配制造费用。

①月末分配本月的制造费用，列出制造费用的分配过程。

②月末结转本月制造费用，试编制结转分录。

（3）若生产的甲商品500件已全部完工，甲商品无期初余额。试计算500件甲商品的总成本和单位成本，将结果填入下面的甲商品成本计算表。

甲商品成本计算

商品名称	产量	成本	直接材料	直接人工	制造费用	合计
甲商品	500件	总成本（元）				
		单位成本（元/件）				

（4）若500件甲商品已验收入库，试编制甲商品验收入库的会计分录。

8. 浙江红豆公司为增值税一般纳税人，车间生产甲、乙两种产品。20××年5月发生以下经济业务：

（1）某单位向公司投入全新的固定资产一台，总价值为 200 000 元。

（2）向银行借入 3 年期借款 800 000 元，当即存入银行。

（3）各部门领用材料的汇总如下表所示。

领用材料汇总　　　　　　　　　　　　　　　　单位：元

用途	A 材料	B 材料	合计
生产甲产品	25 000	20 000	45 000
生产乙产品	16 000	14 000	30 000
生产车间一般耗用	5 100	1 000	6 100
行政管理部门耗用		2 200	2 200
合计	46 100	37 200	83 300

（4）分配本月职工工资 43 500 元，其中，生产甲产品工人工资 18 500 元，生产乙产品工人工资 16 000 元，车间管理人员工资 3 500 元，行政管理人员工资 5 500 元。

（5）计提本月固定资产折旧费 7 140 元，其中，生产车间 5 940 元，行政管理部门 1 200 元。

（6）以银行存款支付本月水电费 2 000 元，其中，生产车间负担 75%，行政管理部门负担 25%。

（7）销售多余的 C 材料 200 千克，单价 26 元，计 5 200 元，增值税 676 元，款项尚未收到。

（8）计提应交城市维护建设税 1 100 元，教育费附加 610 元。

（9）结转已销 C 材料的成本为 4 900 元。

（10）以现金 260 元，支付延期提货的罚款。

要求：

（1）根据上述资料，编制各经济业务的会计分录。

（2）据资料显示，浙江红豆公司本月生产甲产品耗用 7 000 工时，生产乙产品耗用 5 000 工时，按工时比例分配制造费用。

①月末分配本月的制造费用，试列出制造费用的分配过程。

②月末结转本月制造费用，试编制结转分录。

（3）假设浙江红豆公司本月投产的甲产品 1 000 件已全部完工，甲产品无期初余额。试计算 1 000 件完工甲产品的总成本和单位成本。

（4）若本月投产的甲产品已验收入库，试编制甲产品验收入库的会计分录。

第二篇　会计循环过程

第五章　会计凭证

学习的主要内容

主要内容：会计凭证的概念和作用；会计凭证的种类及其基本内容；会计凭证填制的要求和方法；会计凭证审核的主要内容和意义；会计凭证的传递，会计凭证的保管。

基本要求：理解会计凭证的概念和作用；掌握会计凭证的种类及其基本内容；掌握会计凭证填制的要求和方法；理解会计凭证审核的主要内容和意义；了解会计凭证的传递、会计凭证的保管。

本章的重点难点

1. 会计凭证的概念和分类

（1）会计凭证的概念。会计凭证是记录经济业务、明确经济责任并作为记账依据的书面证明。

（2）会计凭证的分类。按照填制的程序和用途不同，会计凭证分为原始凭证和记账凭证。

原始凭证是在经济业务发生或完成时由相关人员取得或填制的，用以记录或证明经济业务发生或完成情况并明确有关经济责任的具有法律效力的书面证明。

记账凭证是财会部门根据审核无误的原始凭证进行归类、整理，记载经济业务简要内容，确定会计分录的会计凭证。

（3）强调的知识点。会计凭证作为记录经济业务的书面证明，在会计信息的传递环节中，不论是原始凭证还是记账凭证，都应包括取得或者填制、审核、传递以及保管等一系列环节，缺一不可。对填制或者取得的原始凭证和记账凭证进行审核后，符合要求的会计凭证记载的会计信息，才能按照会计准则进行确认、计量和报告。

2. 原始凭证和记账凭证的关系

原始凭证和记账凭证两者在会计信息系统的传递流程中，存在不可割裂的逻辑关系。作为学习者，应该从以下几个方面正确理解这两者之间的关系。

（1）两者先后的逻辑关系。记账凭证是根据审核无误的原始凭证编制或者填制的。首先，填制或者取得原始凭证，是获取会计信息的起点；同时，只有通过审核要求的原始凭证，其记载的经济业务才能确认是企业核算、监督的对象。其次，根据审核无误的原始凭证编制记账凭证，使得会计监督、核算的经济业务信息得以分类、记载和传递。

（2）两者的共同点。原始凭证和记账凭证都是记载经济业务、明确经济责任的书面证明。

（3）两者的不同点。原始凭证和记账凭证尽管都是记载经济业务、明确经济责任的书面证明，都是企业的会计凭证，但两者还是有本质区别的，主要表现在：

①两者取得的时间不同。原始凭证是在经济业务发生时填制或者取得的；记账凭证则是根据原始凭证填制的。

②两者的法律效力不同。审核无误的原始凭证是具有法律效力的书面证明；但记账凭证没有原始凭证作为支撑，仅依据记账凭证本身，在实际应用中并不具备法律效力。

显然，只有对原始凭证和记账凭证以及两者之间的关系深入认知，才能对会计凭证的概念有全面认识，真正掌握会计凭证这种会计核算手段。

3. 会计凭证的传递与保管

（1）会计凭证的传递，是指从原始凭证的填制或取得时开始，经过填制、稽核、记账，直到归档保管为止的整个过程中，在本单位内部有关职能部门和人员之间的传递路线、传递时间和处理程序。

（2）会计凭证的保管，是指会计凭证记账后的整理、装订、归档和存查工作。

因此，作为会计核算方法的基本步骤，会计凭证要经过填制或者取得、审核、传递以及保管等一系列环节，才能实现会计凭证在会计核算中的功能。

练习题

一、单项选择题

1. 按照会计核算方法的基本内容，填制会计凭证是（　　）的前提和依据。

  A. 复式记账　　　　　　　　B. 设置会计账户
  C. 登记会计账簿　　　　　　D. 编制财务报表

2. （　　）不属于原始凭证。

  A. 库存现金盘点报告表　　　B. 限额领料单
  C. 银行存款余额调节表　　　D. 购货发票

3. （　　）是不能作为记账依据的。
   A. 购货发票　　　B. 领料单　　　C. 入库单　　　D. 经济合同

4. 企业编制的记账凭证，应根据合法的（　　）填列。
   A. 汇总收款凭证　　　　　　　B. 原始凭证
   C. 汇总付款凭证　　　　　　　D. 汇总转账凭证

5. 企业购入材料取得的"增值税专用发票"，按来源划分应属于（　　）。
   A. 自制原始凭证　　　　　　　B. 累计凭证
   C. 外来原始凭证　　　　　　　D. 一次凭证

6. 下列要素中，不属于原始凭证基本内容的是（　　）。
   A. 凭证的名称　　　　　　　　B. 填制日期和凭证编号
   C. 应借贷的会计科目　　　　　D. 填制凭证的单位名称

7. 反映企业财产物资实有数的盘存单，按照原始凭证的来源分类，属于（　　）。
   A. 外来原始凭证　　　　　　　B. 自制原始凭证
   C. 收款凭证　　　　　　　　　D. 付款凭证

8. 按照原始凭证来源的标准分类，属于外来原始凭证的是（　　）。
   A. 购货发票　　　　　　　　　B. 领料单
   C. 入库单　　　　　　　　　　D. 工资结算汇总表

9. 通常，将同类经济业务的原始凭证汇总编制的原始凭证称为（　　）。
   A. 收款凭证　　　B. 付款凭证　　　C. 记账凭证　　　D. 汇总凭证

10. 下列内容中，构成记账凭证最重要的要素是（　　）。
    A. 凭证摘要　　　B. 会计分录　　　C. 凭证名称　　　D. 填制日期

11. 按填制的方法分类，企业常用的差旅费报销单，属于原始凭证中的（　　）。
    A. 收款凭证　　　B. 累计凭证　　　C. 汇总凭证　　　D. 付款凭证

12. 企业销售一批产品，款项尚未收到，此时应该填制（　　）。
    A. 现收字记账凭证　　　　　　B. 现付字记账凭证
    C. 银收字记账凭证　　　　　　D. 转账凭证

13. 企业会计人员从银行提取现金，应编制（　　）。
    A. 库存现金的收款凭证　　　　B. 银行存款的付款凭证
    C. 银行存款的收款凭证　　　　D. 库存现金的付款凭证

14. 会计人员在审核原始凭证时，对于不真实、不合法的原始凭证，应当（　　）。
    A. 给予受理，并向单位领导汇报　　B. 给予受理，不用向单位领导汇报
    C. 拒绝受理，并向单位领导汇报　　D. 拒绝受理，不用向单位领导汇报

15. 企业以银行存款归还应付账款，应编制（　　）。
    A. 转账凭证　　　　　　　　　B. 收款凭证
    C. 付款凭证　　　　　　　　　D. 汇总原始凭证

16. 将会计凭证分为原始凭证和记账凭证，是按（　　）分类的结果。

A. 填制程序和用途 B. 填制方法
C. 凭证来源 D. 凭证格式

17. 企业常用的"限额领料单"属于（　　）。
A. 一次凭证　　B. 累计凭证　　C. 记账凭证　　D. 通用凭证

18. 对于银行存款和现金之间的收付款业务，一般只（　　）。
A. 需编制转账凭证 B. 需编制收款凭证
C. 需编制付款凭证 D. 同时编制收款凭证和付款凭证

19. 以下不属于审核记账凭证时需注意的内容是（　　）。
A. 记账凭证后是否附有原始凭证
B. 凭证中反映的经济业务和企业预算是否一致
C. 凭证中的会计科目是否使用正确
D. 记账凭证中是否有相关人员的签名或盖章

20. 相对于单式记账凭证，复式记账凭证能（　　）。
A. 便于按科目汇总
B. 反映经济业务涉及的全部账户及其对应关系
C. 便于记账工作的分工
D. 减轻会计人员的工作量

21. 会计人员将收到的现金 800 元存入开户银行，应编制（　　）。
A. 收款凭证　　B. 转账凭证　　C. 付款凭证　　D. 原始凭证

22. 为保证会计账簿记录的正确性，会计人员编制记账凭证时必须依据（　　）。
A. 金额计算正确的原始凭证 B. 填写齐全的原始凭证
C. 审核无误的原始凭证 D. 盖有填制单位财务公章的原始凭证

23. 按（　　）标准分类，原始凭证分为通知凭证、执行凭证和计算凭证。
A. 凭证格式　　B. 凭证用途　　C. 填制方法　　D. 凭证来源

24. 企业采购的原材料运抵公司后，由仓库保管人员填制的收料单，属于企业的（　　）。
A. 外来原始凭证 B. 自制原始凭证
C. 收款凭证 D. 付款凭证

25. 按照会计工作的组织及人员分工要求，记账凭证应由（　　）来填制。
A. 经办人　　B. 会计人员　　C. 出纳　　D. 财务经理

26. （　　）属于自制原始凭证。
A. 领料单 B. 增值税专用发票
C. 增值税普通发票 D. 银行对账单

27. 企业开出转账支票 4 200 元支付前欠的货款，应填制（　　）。
A. 转账凭证　　B. 收款凭证　　C. 付款凭证　　D. 累计凭证

28. 企业销售产品，收到对方用银行存款支付的部分货款，余款暂欠，该业务应填制（　　）。

　　A. 收款凭证　　　　　　　　　　B. 付款凭证

　　C. 转账凭证　　　　　　　　　　D. 同时填制收款凭证和转账凭证

29. 关于会计凭证的传递与保管，以下说法不正确的是（　　）。

　　A. 保证会计凭证在传递过程中的安全、及时准确和完整

　　B. 要建立会计凭证交接的签收手续

　　C. 会计凭证记账完毕后，应当按分类和编号装订成册

　　D. 原始凭证不得外借，也不得复制

30. 通常，（　　）经济业务需要编制转账凭证。

　　A. 现金　　　　　　　　　　　　B. 银行存款

　　C. 不涉及现金、银行存款　　　　D. 现金及银行存款

31. 记账凭证的数据来源是（　　）。

　　A. 原始凭证及其原始凭证汇总表　B. 有关会计账簿

　　C. 有关合同　　　　　　　　　　D. 财务报表

32. 下列各项中，（　　）不是属于记账凭证应具备的基本内容。

　　A. 经济业务的内容摘要　　　　　B. 应借应贷科目

　　C. 填制和接受单位的名称　　　　D. 填制单位及有关人员的签章

33. 企业经常填制的"发出材料汇总表"属于（　　）。

　　A. 记账凭证　　　　　　　　　　B. 累计凭证

　　C. 原始凭证汇总表　　　　　　　D. 复式凭证

34. 按其所反映的经济内容不同，记账凭证可以分为（　　）。

　　A. 通用凭证和专用凭证　　　　　B. 收款凭证、付款凭证和转账凭证

　　C. 单式凭证和复式凭证　　　　　D. 自制原始凭证和外来原始凭证

35. 企业取得的增值税专用发票属于（　　）。

　　A. 原始凭证　　B. 累计凭证　　C. 汇总凭证　　D. 单式凭证

36. 下列会计凭证中，（　　）是在每项经济业务发生和完成时取得或填制的会计凭证。

　　A. 原始凭证　　B. 转账凭证　　C. 单式凭证　　D. 复式凭证

37. 会计日常核算工作的起点是（　　）。

　　A. 填制和审核会计凭证　　　　　B. 财产清查

　　C. 设置会计科目和账户　　　　　D. 登记账簿

38. 下列会计凭证中，只需反映价值量不反映实物量的是（　　）。

　　A. 材料入库单　　　　　　　　　B. 实存账存对比表

　　C. 工资分配汇总表　　　　　　　D. 限额领料单

39. 下列记账凭证中可以不附原始凭证的是（　　）。

　　A. 所有收款凭证　　　　　　　　B. 所有付款凭证

C. 所有转账凭证　　　　　　　　D. 用于结账的记账凭证

二、多项选择题

1. 记账凭证的基本内容包括（　　）。
   A. 记账凭证的名称　　　　　　B. 经济业务的内容摘要
   C. 填制日期和凭证编号　　　　D. 会计分录
   E. 有关人员的签名或盖章

2. 原始凭证是经济业务发生时填制或者取得的会计凭证，它应具备的基本内容有（　　）。
   A. 原始凭证的名称　　　　　　B. 接受凭证的单位名称
   C. 经济业务的内容　　　　　　D. 填制日期和凭证编号
   E. 填制单位和有关人员的签章

3. 在填制已固定编号的原始凭证时，发生了错填情况，此时采用的更正方法有（　　）。
   A. 直接涂改　　　　　　　　　B. 撕毁原始凭证
   C. 作废重填　　　　　　　　　D. 作废凭证连同存根一起保存
   E. 烧掉原始凭证

4. 按照记账凭证的特点，下列属于记账凭证填制要求的有（　　）。
   A. 摘要简明扼要　　　　　　　B. 会计分录填写正确
   C. 要有相关人员的签章　　　　D. 记账凭证应附有原始凭证
   E. 填制发生错误可以直接涂改

5. 会计凭证按填制程序和用途的标准分类，可以分为（　　）。
   A. 原始凭证　　B. 付款凭证　　C. 记账凭证　　D. 转账凭证
   E. 收款凭证

6. 通常，按反映经济业务的内容的不同，记账凭证可分为（　　）。
   A. 收款凭证　　B. 付款凭证　　C. 转账凭证　　D. 复式凭证
   E. 单式凭证

7. 收款凭证是记录收入业务的记账凭证，因此收款凭证可以作为出纳人员（　　）的依据。
   A. 收入款项　　　　　　　　　B. 支付款项
   C. 登记现金日记账　　　　　　D. 登记银行存款日记账
   E. 登记有关明细账

8. 企业日常使用的"收料单"属于（　　）。
   A. 外来原始凭证　　　B. 自制原始凭证　　　C. 一次凭证
   D. 汇总凭证　　　　　E. 记账凭证

9. 下列属于原始凭证的有（　　）。
   A. 产品入库单　　　　B. 增值税发票　　　　C. 差旅费报销单
   D. 限额领料单　　　　E. 转账凭证

10. 企业日常使用的"限额领料单",属于（　　）。
    A. 原始凭证　　　　　　B. 付款凭证　　　　　　C. 累计凭证
    D. 转账凭证　　　　　　E. 自制凭证

11. 下列属于单式记账凭证的有（　　）。
    A. 累计凭证　　　　　　B. 转账凭证　　　　　　C. 借项凭证
    D. 贷项凭证　　　　　　E. 一次凭证

12. 按照与现金或银行存款的关系,复式记账凭证分为（　　）。
    A. 借项凭证　　　　　　B. 转账凭证　　　　　　C. 付款凭证
    D. 贷项凭证　　　　　　E. 收款凭证

13. 会计凭证可以（　　）。
    A. 记录经济业务　　　　B. 明确经济责任　　　　C. 登记会计账簿
    D. 进行财产清查　　　　E. 编制会计报表

14. 审核记账凭证应该注意的内容包括（　　）。
    A. 记账凭证后所附原始凭证的经济业务内容与记账凭证上所反映的是否一致,金额是否相等
    B. 填写的会计分录是否正确
    C. 应填写的项目是否完整
    D. 有关人员是否签字盖章

15. 下列证明文件中,属于原始凭证的有（　　）。
    A. 银行进账单　　　　　B. 账存实存对比表　　　C. 车票
    D. 购货发票　　　　　　E. 银行存款余额调节表

16. 原始凭证的填制要求包括（　　）。
    A. 记录要真实　　　　　B. 填制要及时　　　　　C. 内容要完整
    D. 结算要及时　　　　　E. 应借应贷的会计科目要正确

17. 下列原始凭证中,属于外来凭证的有（　　）。
    A. 购入材料取得的增值税专用发票　　B. 出差的住宿费发票
    C. 银行结算凭证　　　　　　　　　　D. 收料单
    E. 入库单

18. 下列单据中,属于一次凭证的原始凭证有（　　）。
    A. 购货发票　　　　　　B. 银行存款余额调节表　C. 收料单
    D. 增值税发票　　　　　E. 限额领料单

19. 下列单据中,不属于原始凭证的有（　　）。
    A. 发票　　　　　　　　B. 记账凭证　　　　　　C. 银行对账单
    D. 经济合同　　　　　　E. 工资结算表

20. 原始凭证是在业务发生时填制或者取得的书面证明,按其来源可以分为（　　）。
    A. 外来原始凭证　　　　B. 一次凭证　　　　　　C. 累计凭证

D. 自制原始凭证　　　　　　　　E. 汇总凭证

21. 原始凭证审核的主要方面包括（　　　）。
A. 记录经济业务的合法性和合理性　　B. 原始凭证的真实性
C. 原始凭证的正确性　　　　　　　　D. 原始凭证的完整性

22. 下列应填制转账凭证的经济业务包括（　　　）。
A. 投资者以固定资产对企业投资　　　B. 投资者以银行存款对企业投资
C. 购买原材料货款尚未支付　　　　　D. 销售商品货款尚未收到
E. 支付到期的长期借款

23. 下列应填制付款凭证的经济业务包括（　　　）。
A. 从银行提取现金　　　　　　　　　B. 用现金支付材料运费
C. 销售商品收到商业汇票　　　　　　D. 支付前欠购货款
E. 支付到期的短期借款

24. "发出材料汇总表"属于下列项目中的（　　　）。
A. 原始凭证　　　　B. 汇总凭证　　　　C. 转账凭证
D. 自制凭证　　　　E. 记账凭证

三、判断题

1. 记账凭证中的合计行借贷方金额相等，是记账规则的一种体现。（　　）
2. 会计账簿也是填制记账凭证的依据。（　　）
3. 为保证原始凭证填制规范，原始凭证都只能由财务人员填写，其他非专业人员不得填写原始凭证。（　　）
4. 填写错误的原始凭证不能任意涂改、刮擦和挖补。（　　）
5. 按照惯例，企业从银行提取现金备用的业务应编制现金收款凭证。（　　）
6. 银行对账单属于记账凭证。（　　）
7. 审核无误的原始凭证是填制记账凭证的依据。（　　）
8. 原始凭证的审核是原始凭证管理中重要的工作，应在编制记账凭证之前完成。（　　）
9. 增值税发票是一种常见的收款凭证。（　　）
10. 自制原始凭证是在经济业务发生或完成时，由本单位经办业务的人员自行填制的原始凭证。（　　）
11. 记账凭证是登记会计账簿的依据。（　　）
12. 领用材料应填制付款凭证。（　　）
13. 没有经过审核的会计凭证不能作为记账依据。（　　）
14. 限额领料单是一种常用的复式记账凭证。（　　）
15. 一般是将经济业务发生的时间作为原始凭证的日期。（　　）
16. 会计凭证的审核工作都是由审计部门完成的。（　　）
17. 不能反映和记载现金、银行存款增减变动的记账凭证是转账凭证。（　　）

18. 转账凭证是用于不涉及现金和银行存款收付的其他业务所用的记账凭证。（　）
19. 按照会计凭证的保管要求，会计凭证达到保管期限后也不能销毁。（　）
20. 在会计实务中，对于现金和银行存款之间的收付款业务，为避免重复记账，一般只编制付款凭证，不编制收款凭证。（　）
21. 记账凭证相关人员的签章中，制单人应首先签字。（　）
22. 会计凭证的传递时间，是指从原始凭证的填制或取得开始，经过填制审核记账，直到归档保管为止。（　）
23. 对于伪造、涂改或不合法的原始凭证，应退回有关经办部门或人员更正。（　）
24. 出纳人员在办理收款或付款业务后，应在凭证上加盖"收讫"或"付讫"的戳记，以避免重收或重付款项。（　）
25. 在填制记账凭证时，可以只填会计科目的编号，不填会计科目名称，以简化记账凭证的编制。（　）
26. 收款凭证、付款凭证和转账凭证都属于单式记账凭证。（　）
27. 付款凭证是仅用于记录现金支付业务的记账凭证。（　）
28. 所有的自制原始凭证都属于一次凭证。（　）
29. 按照反映的经济内容不同，记账凭证分为单式记账凭证和复式记账凭证。（　）
30. 单式记账凭证便于分工记账，复式记账凭证不便于分工记账。（　）
31. 企业每项交易或事项的发生都必须从内部取得原始凭证。（　）
32. 涉及现金和银行存款增减的业务编制收款凭证或付款凭证，不涉及现金和银行存款的业务编制转账凭证。（　）

四、简答题

什么是会计凭证？会计凭证的作用有哪些？

第六章 会计账簿

学习的主要内容

主要内容：设置和登记会计账簿的意义和种类，各类账簿的格式和内容；登记账簿的方法和规则，以及对账和结账的要求和方法等知识和技能；错账更正的规则和方法。

基本要求：了解设置和登记会计账簿的意义和种类，以及各类账簿的格式和内容；理解登记账簿的方法和规则，以及对账和结账的要求和方法等知识和技能；掌握错账更正的规则和方法。

本章的重点难点

1. 会计账簿中几个容易混淆的基本概念

（1）会计账簿的概念。会计账簿简称账簿，它是以会计凭证为依据，对各项经济业务进行全面、连续、系统地记录和核算的簿籍，由专门的格式及一定形式联结在一起的账页所组成。

（2）在理解会计账簿的概念时，注意会计账簿、会计账页和会计账户是不同的概念。

会计账簿、会计账页和会计账户三者之间的关系：会计账簿是由会计账页按一定形式组成，而会计账户开设在会计账簿的会计账页中。

总之，对于会计账簿、会计账页和会计账户三个不同的概念以及之间的关系，初学者一般特别容易在认知上混淆，因此需要正确理解它们概念的不同以及相互之间的逻辑关系。

2. 有关会计账簿不同分类标准的正确理解

正确设置和登记会计账簿，是会计核算工作中非常重要的工作步骤。针对不同企业对经济业务核算与监督的要求，正确合理地设置和登记账簿，首先要掌握会计账簿的不同分类标准。

（1）会计账簿可按会计账簿的用途、会计账簿账页的格式以及会计账簿的外部特征三个标准分类。

会计账簿按照其用途不同，分为序时账簿、分类账簿和备查账簿。

会计账簿按照其外形特征不同，分为订本式账簿、活页式账簿和卡片式账簿。

会计账簿按照其账页的格式不同，分为两栏式账簿、三栏式账簿、多栏式账簿、数量金额式账簿和平行式账簿。

（2）通常，企业要根据自身的经营特点，遵循会计准则的规范，选择和设置正确的会计账簿来登记和汇总企业经济业务的会计信息。会计账簿的正确选择和设置，需要结合会计账簿的用途、会计账页的格式以及会计账簿的外部形式特征三个方面，根据需要登记、汇总的会计信息的具体内容，最终形成簿籍的形式，实现企业对会计信息的核算与监督。所以，对于会计账簿的不同种类的认识，可以帮助学习者实现会计账簿的理论和实践工作结合，并指导实际工作。会计账簿不同种类的认知，对正确完成企业会计账簿的设置与登记工作，实现对会计信息的确认、计量和报告，具有重要的意义。

例如，假设一家正在经营的公司，根据自身经营活动的特点以及其核算、监督的会计信息的具体内容，选择设置了总分类账簿、明细分类账簿、银行存款日记账簿和现金日记账簿等不同种类的会计账簿。对该公司设置和登记的账簿，可以从以下几个方面来理解：

①公司的总分类账簿，通常也称总账，是按总分类科目开设账页、进行分类登记，总括地反映和记录具体经济内容的增减变动情况的账簿。总分类账簿的账页格式一般采用三栏式，外部形式一般采用订本式。

②公司的明细分类账簿，是根据明细科目开设账页，分类地登记经济业务具体内容，以提供明细资料的账簿。根据实际需要，各种明细账分别按二级科目或明细科目开设账户，明细分类账簿账页的格式一般采用三栏式账页、多栏式账页、数量金额式账簿和平行式账簿等，外部形式一般采用活页式或者卡片式。

③公司的银行存款日记账簿，是用来核算和监督银行存款每日的收入、支出和结存情况的日记账簿；其账页的格式一般采用三栏式账页、多栏式账页等，而银行存款日记账簿的外部形式一般采用订本式的形式。

④公司的现金日记账簿，是用来核算和监督库存现金每日的收入、支出和结存状况的日记账簿；其账页的格式一般采用三栏式账页、多栏式账页等格式；而现金日记账簿的外部形式一般采用订本式的形式。

3. 总分类账和明细分类账概念的正确理解

在会计的实际工作中，总分类账簿和明细分类账簿是企业通常要设置的账簿，要正确理解这两个不同的概念。

（1）概念。总分类账也称总账，是按总分类科目开设账页、进行分类登记，总括地反映和记录具体经济业务内容增减变动情况的账簿。明细分类账是根据明细科目开设账页，分类地登记经济业务具体内容，以提供明细资料的账簿。根据实际需要，各种明细账分别按二级科目或明细科目开设账户。

（2）关系。总分类账簿记录和反映的是总括的会计信息，而明细分类账簿记录和反映的是更加明细的会计信息，对总分类账簿的信息进行完善和补充。总分类账簿对明细分类账簿起到的是统驭与控制的作用，明细分类账簿是总分类账簿的从属账簿。

（3）容易产生的误区。基于总分类账簿和明细分类账簿的关系，一般企业既可以设置总分类账簿，同时也可以设置明细账簿，来记录和反映企业的经济业务信息。但是，不能认为任何一个总分类账簿都必须设置明细分类账簿，这种理解是不正确的。一个企业在设置总分类账簿的基础上，是否需要设置其所属的明细分类账簿，需要根据企业实际的经营情况，以及管理者对经济业务信息明晰程度等要求，在遵循会计准则对信息质量等要求的前提下，最终决定企业是否需要设置相应的明细分类账簿。在实际工作中，是否需要设置从属于总分类账簿的明细分类账簿，企业是可以选择的。

4. 平行登记的概念和登记要点

平行登记，就是根据会计凭证，将所发生的经济业务既要记入有关总分类账，又要记入与总账相对应的明细账户的方法。

其记账要点是：同时间登记；同方向登记；同金额登记。

5. 常见的错账更正方法

一般来说，划线更正法、红字更正法和补充登记法是会计中常见的错账更正的方法。三种错账更正方法有本质的区别：

（1）适用范围不同。结合会计核算方法的工作原理，当企（事）业单位核算和监督会计对象信息时，从会计凭证登记、汇总到会计账簿的过程中，由于各种原因的影响，在信息传递环节中，一般会产生两类不同的错误。

①会计凭证无误，但会计账簿错误。记录经济业务的会计凭证没有错误，但从会计凭证登记到会计账簿时，会计账簿的登记信息发生错误，这种错误，我们暂且把它简称为：会计凭证无误，但会计账簿错误。

②会计凭证有误，导致会计账簿错误。由于记录经济业务的会计凭证有错误的信息，导致从会计凭证登记到会计账簿时，会计账簿的登记信息也发生错误，这种错误，我们暂且把它简称为：会计凭证有误，导致会计账簿错误。

通常，根据这两类错误类型的表现，第一类错误一般选择划线更正法进行错账的更正，第二类错误一般则选择红字更正法或者补充登记法进行错账的更正。

当然，红字更正法或者补充登记法的选择，要根据会计凭证和会计账簿的具体错误来进行选择。如果记账后发现记账凭证中的应借、应贷会计科目有错误或者应借、应贷会计科目没有错误，但所记金额大于应记金额，应该采用红字更正法；如果记账后发现应借、应贷会计科目没有错误，但所记金额小于应记金额，则应该采用补充登记法。

（2）错账更正的具体操作方法不同。会计人员在分析错账的具体表现后，可以依据上述的基本判别规则，从划线更正法、红字更正法和补充登记法中，正确选择一种方法，对错账进行更正。

显而易见，这三种常见的错账更正的方法，其适用的范围和具体操作方法是完全不同的。在实际工作中，学习者一定要正确理解三种错账更正方法的适用范围和具体操作方法，针对在会计信息传递中，导致会计凭证和会计账簿产生的不同错误，选择正确的方法予以更正，以保证会计信息的正确性和完整性。

练习题

一、单项选择题

1. 数量金额式账簿一般是用来登记（   ）。
   A. 序时账簿　　　B. 备查账簿　　　C. 明细分类账　　　D. 总分类账

2. 对于尚未登记入账的记账凭证填制错误，应选择（   ）进行更正。
   A. 补充登记法　　　　　　　　　　B. 红字更正法
   C. 划线更正法　　　　　　　　　　D. 重新填制记账凭证

3. 如果记账凭证填制正确，但在记账中发现账簿记录金额少录，应采用（   ）进行更正。
   A. 红字更正法　　　　　　　　　　B. 划线更正法
   C. 补充登记法　　　　　　　　　　D. 重新填制记账凭证

4. 用于分类记录单位的全部交易或事项，提供总括核算资料的账簿是（   ）。
   A. 总分类账　　　　　　　　　　　B. 明细分类账
   C. 日记账　　　　　　　　　　　　D. 备查账

5. 银行存款日记账支出业务应当根据（   ）进行登记。
   A. 现金付款凭证　　　　　　　　　B. 收款凭证
   C. 转账凭证　　　　　　　　　　　D. 银行存款付款凭证

6. 如果记账后发现记账凭证中应借应贷的科目没有错误，但所记金额小于应记金额，造成账簿中所记金额也小于应记金额，应采用（   ）更正。
   A. 红字更正法　　　　　　　　　　B. 划线更正法
   C. 补充登记法　　　　　　　　　　D. 重新填写记账凭证

7. 按照账页的格式，原材料明细账一般采用（   ）进行登记。
   A. 两栏式账簿　　　　　　　　　　B. 多栏式账簿
   C. 三栏式账簿　　　　　　　　　　D. 数量金额式账簿

8. 按照账页的格式，生产成本明细账一般采用（   ）进行登记。
   A. 两栏式账簿　　　　　　　　　　B. 数量金额式账簿
   C. 多栏式账簿　　　　　　　　　　D. 三栏式账簿

9. 按账簿的用途标准分类，租入固定资产登记簿属于（   ）。
   A. 总分类账簿　　　　　　　　　　B. 明细分类账簿
   C. 备查账簿　　　　　　　　　　　D. 序时账簿

10. 对于总分类账与明细分类账之间的关系，下列描述错误的是（   ）。
    A. 明细分类账对总分类账起着补充的作用
    B. 反映的经济业务内容不同

C. 总分类账户对所属明细账户起着统驭控制作用

D. 反映经济业务内容的详细程度不同

11. "库存商品"明细账的账页格式一般采用（　　）。

　　A. 两栏式账簿　　　　　　　　B. 数量金额式账簿

　　C. 三栏式账簿　　　　　　　　D. 两栏式账簿

12. 从账簿外表形式看，"原材料"明细账一般采用（　　）。

　　A. 订本式　　　B. 活页式　　　C. 多栏式　　　D. 卡片式

13. 从账簿外表形式看，固定资产明细账一般采用（　　）。

　　A. 订本式　　　B. 活页式　　　C. 三栏式　　　D. 卡片式

14. 在实务中，现金日记账的登记一般采用（　　）。

　　A. 订本式　　　　　　　　　　B. 活页式

　　C. 数量金额式　　　　　　　　D. 卡片式

15. 会计人员在审核账务处理时，发现记账以后记账凭证和账簿登记中所记金额均大于应记金额，应采用（　　）。

　　A. 补充更正法　　　　　　　　B. 红字更正法

　　C. 划线更正法　　　　　　　　D. 重新编制记账凭证

16. （　　）可以跨年度使用，不必每年更换新账。

　　A. 银行存款日记账　　　　　　B. 总分类账

　　C. 固定资产明细账　　　　　　D. 库存现金日记账

17. 下列账簿中，要求必须逐日结出余额的是（　　）。

　　A. 现金日记账和银行存款日记账　　B. 债权债务明细账

　　C. 财产物资明细账　　　　　　D. 总账

18. 按照账页的格式，应付账款明细账一般采用（　　）。

　　A. 三栏式　　　B. 多栏式　　　C. 数量金额式　　　D. 两栏式

19. 按照账簿的外形特征，总分类账簿一般采用（　　）。

　　A. 活页式　　　B. 卡片式　　　C. 订本式　　　D. 三栏式

20. 按照账页的格式，制造费用明细账一般采用（　　）。

　　A. 数量金额式　　B. 平行式　　C. 多栏式　　　D. 两栏式

21. 会计人员在登账时误将920元记成9 200元，但记账凭证是正确的，对于这种错误应采用（　　）进行更正。

　　A. 红字更正法　　　　　　　　B. 划线更正法

　　C. 补充登记法　　　　　　　　D. 重新编制记账凭证

22. 在实际操作中，活页式账簿与卡片式账簿可适用于（　　）。

　　A. 现金日记账　　　　　　　　B. 总分类账

　　C. 银行存日记账款　　　　　　D. 明细分类账

23. 按照经济业务发生的先后顺序进行（　　）登记，是登记序时账即日记账的方法。

A. 逐日逐笔　　　B. 逐日汇总　　　C. 定期汇总　　　D. 逐日定期

24. 债权债务明细分类账一般采用（　　）。

A. 多栏式账簿　　　　　　　　B. 数量金额式账簿

C. 三栏式账簿　　　　　　　　D. 以上三种都可以

25. 记账人员根据记账凭证登记完毕账簿后，要在记账凭证上注明已记账的符号，主要是为了（　　）。

A. 便于明确记账责任　　　　　B. 避免错行或隔页

C. 避免重记或漏记　　　　　　D. 防止凭证丢失

二、多项选择题

1. 年度终了，对于会计账簿应该（　　）。

A. 加具封面封底　　　B. 顺序编号　　　C. 装订成册

D. 归档保管　　　　　E. 进行销毁

2. 会计工作在交接前，应该做到（　　）。

A. 已发生的经济业务应当填制完毕会计凭证

B. 尚未登记的账目应当登记完毕，结出余额，并在最后一笔余额后加盖经办人印章

C. 整理好应该移交的各项资料，对未了事项和遗留问题要写出书面说明材料

D. 编制移交清册，会计机构负责人应将财务会计工作等情况向接替人员介绍清楚

3. 下列关于总分类账和明细分类账的描述正确的有（　　）。

A. 总分类账对明细分类账起着统驭和控制作用

B. 总分类账提供总括资料，明细分类账提供详细资料

C. 明细分类账对总分类账起着辅助和补充作用

D. 所有总分类账下都要设置明细分类账

E. 总分类账和明细分类账之间实行平行登记

4. 账账核对是对账的内容之一，通常账账核对的主要内容包括（　　）。

A. 总账与所属明细账余额平衡

B. 现金日记账和银行存款日记账的余额与总账相关账户余额平衡

C. 总账借贷方合计数平衡

D. 会计部门有关明细账，与仓库保管部门实物账的平衡

E. 总账与记账凭证的核对

5. 下列属于会计账簿基本组成要素的有（　　）。

A. 封面　　　　　B. 扉页　　　　　C. 账页

D. 封底　　　　　E. 序时账簿

6. 对账工作对于保证会计信息正确性有重要的意义，下列属于对账范围的有（　　）。

A. 银行存款日记账余额与银行对账单的核对

B. 会计账簿记录与会计凭证的核对

C. 总分类账户余额与所属明细账户余额之和的核对

D. 日记账余额与有关总分类账余额的核对

E. 总账账户余额与会计报表项目余额的核对

7. 在实务中，按照外表形式采用订本式账簿的有（　　）。

A. 总分类账　　　　　　B. 现金日记账　　　　　C. 银行存款日记账

D. 管理费用明细账　　　E. 应收账款明细账

8. 账簿按外表形式的标准分类，一般可以分为（　　）。

A. 活页账　　　　　　　B. 卡片账　　　　　　　C. 订本账

D. 总分类账　　　　　　E. 明细账

9. 企业可以采用对账的方式保证会计信息的真实与完整，对账的内容包括（　　）。

A. 账证核对　　　　　　B. 账账核对　　　　　　C. 账实核对

D. 账表核对　　　　　　E. 账户核对

10. 在会计实务工作中，明细分类账账页的格式可以采用（　　）的格式。

A. 平行式　　　　　　　B. 三栏式　　　　　　　C. 多栏式

D. 数量金额式　　　　　E. 卡片式

11. 企业会计人员在账簿记账中不慎发生跳行、隔页时，按照要求应该（　　）。

A. 撕掉账页　　　　　　　　　　　B. 在空行、空页处划红线注销

C. 划线更正　　　　　　　　　　　D. 在注销处加盖记账人员和会计主管印章

E. 更换新账簿

12. 总分类账与明细分类账的平行登记包括（　　）。

A. 同时间登记　　　　　B. 同方向登记　　　　　C. 同金额登记

D. 内容完整登记　　　　E. 内容具体登记

13. 在实务中，常见的更正错账的方法有（　　）。

A. 黑字更正法　　　　　B. 划线更正法　　　　　C. 红字更正法

D. 补充登记法　　　　　E. 更换账簿法

14. 按照账簿的用途不同分类，会计账簿分为（　　）。

A. 卡片式账簿　　　　　B. 日记账簿　　　　　　C. 分类账簿

D. 备查账簿　　　　　　E. 多栏式账簿

15. 下列凭证中，属于登记银行存款日记账依据的有（　　）。

A. 原始凭证　　　　　　B. 收款凭证　　　　　　C. 付款凭证

D. 转账凭证　　　　　　E. 转凭证汇总表

16. 账实核对是对账的主要内容之一，下列属于账实核对的内容有（　　）。

A. 各种应收应付项明细账的余额与有关单位或个人核对

B. 各种财产物资明细账的结存金额与实际数核对

C. 银行存款日记账的余额与银行对账单的余额核对

D. 现金日记账的余额与现金实际库存数核对

E. 各种总账账户金额与会计报表项目金额核对

17. 当会计账簿记录出错时，不能采取（　　）进行更正。
A. 刮擦　　　　　　　　B. 挖补　　　　　　　　C. 涂改
D. 用药水消除字迹　　　E. 用划线更正法更正

18. 下列各种明细分类账，应采用三栏式账页的明细账的有（　　）。
A. 应收账款明细账　　　　　B. 应付账款明细账
C. 材料采购明细账　　　　　D. 管理费用明细账
E. 制造费用明细账

三、判断题

1. 同时间、同方向、同金额登记是总分类账和明细分类账平行登记的要点。（　）
2. 总分类账应采用活页式的账簿形式。（　）
3. 会计人员填制记账凭证时误将金额1 000元记为100元，并已登记入账，应采用划线更正法进行更正。（　）
4. 银行存款日记账一般采用"三栏式"账簿进行登记。（　）
5. 单位取得的货币资金收入必须及时入账，不得私设小金库，不得账外设账，严禁收款不入账。（　）
6. 凡是在结账之前发现的账簿记录错误，都可通过划线更正法更正。（　）
7. 会计账簿非常重要，应永久保存不能销毁。（　）
8. 活页式账簿和订本式账簿一样都要编页码。（　）
9. 结账就是在会计期末，结算出账户本期发生额合计和期末余额，并将其余额结转下期或者转入新账的工作。（　）
10. 对于企业设置的所有账簿，其登记的依据一律都是记账凭证。（　）
11. 为明确经济责任，划线更正处仅由会计主管人员签字或盖章。（　）
12. 与其他更正方法相比，划线更正法的适用范围是记账凭证错误引起的账簿记录错误。（　）
13. 会计账簿登记应使用圆珠笔书写，不能使用红色笔或铅笔书写。（　）
14. 总分类账是应根据其所属的明细分类账登记的。（　）
15. 按照有关规定，企业更换记账人员时，应该在账簿启用及交接表中进行登记。（　）
16. 由于流动性较强，现金日记账应在每日终了结出余额，并与现金实际库存数进行核对。（　）
17. 按照账簿使用的相关规定，企业总分类账每年都应更换新账。（　）
18. 一般现金日记账和银行存款日记账都采用订本式账簿进行登记。（　）
19. 一般收款凭证和付款凭证由出纳人员填制，现金日记账和银行存款日记账由会计人员登记进行。（　）
20. 原材料明细分类账一般采用多栏式账簿。（　）
21. 生产成本明细分类账一般采用三栏式账簿。（　）

22. 由于有明细账作为补充,登记总账时不写摘要。　　　　　　(　　)

23. 会计账簿按用途的不同,可以分为序时账、分类账和备查簿。(　　)

24. 现金收、付业务较少的单位,不必单独设置现金日记账,可以用银行对账单或其他方法代替现金日记账,以简化核算。　　　　　　　　　　　　　　(　　)

25. 日记账又称序时账,是指每天都登记的会计账簿。　　　　　(　　)

26. 各单位不得违反会计法和国家统一的会计制度的规定私设会计账簿。(　　)

27. 库存商品明细账,通常采用数量金额式的账页格式。　　　　(　　)

28. 会计账簿发生错误时可以刮擦、挖补、涂改以及更换账页。　(　　)

四、简答题

1. 小王是今年刚参加工作的一名会计人员,他认为如果企业已经设置了总分类账户,全面地反映了企业经济业务,完全没有必要再设置明细分类账户了,你认为对吗?为什么?

2. 简要说明总分类账与明细账分类账之间的登记方法。

3. 为什么要对账?应从哪几个方面进行对账?

4. 什么是结账?结账的种类有哪些?

五、业务处理题

20××年8月15日,管理人员贾某出差预借差旅费6 000元,会计人员在编制记账凭证时编制现金付款凭证,会计分录为:

借:管理费用　　　　　　　　　　　　　　　　　　　6 000
　　贷:库存现金　　　　　　　　　　　　　　　　　　6 000

并且记账人员已根据上述凭证入账。

要求:请问应该采用什么方法更正上述错误?并按规定方法更正。

第七章 财产清查

学习的主要内容

主要内容：财产清查的概念、意义和种类；财产清查前的准备工作、财产物资的盘存制度和清查方法；财产清查结果的处理。

基本要求：了解财产清查前的准备工作；掌握财产盘存制度；熟练掌握各项财产物资和往来款项的清查方法以及财产清查结果的处理等方面的知识和技能。

本章的重点难点

1. 财产物资两种盘存制度的内涵和特点

财产清查工作是会计核算方法中非常重要的一个步骤，它是实现会计信息账实相符的一种重要手段。财产清查作为内部牵制制度的一部分，其目的在于确定内部牵制制度执行是否有效。而财产物资的盘存制度是完成财产清查工作必不可少的一项管理制度。在会计实务中，通常可以选择的盘存制度有永续盘存制和实地盘存制两种。

永续盘存制，也称账面盘存制，是指平时对各项财产物资的增加数和减少数都需根据有关凭证连续记入有关账簿，并随时结出账面结存数额的一种盘存制度。

实地盘存制是指平时在账簿中只登记财产物资的增加数，不登记减少数，到期末结账时，根据实地盘点的实存数，倒挤出本月的减少数，并据以登记有关账簿的一种盘存制度。

理解盘存制度的核心内容及其本质时，应注意：

（1）盘存制度的概念及种类。

盘存制度也称为盘存法，其本质是一种确认财产物资"数量"价值的管理制度。它是确定财产物资增加、减少及结存数额的方法。在实际管理工作中，企业对财产物资"数量"价值的管理中，具体管理和核算方法是不同的，存在永续盘存制和实地盘存制两种不同的盘存制度。

（2）两种盘存制度的本质区别。

按照会计分期假设，一定会计期间的企业财产"数量"价值，会形成期初、本期增（减）、期末等不同时间点下反映财产"数量"价值的指标，即期初余额、本期增加额、本

— 69 —

期减少额和期末余额。这四个不同时间点的数量价值指标核算的基本模式为：

期末余额 = 期初余额 + 本期增加额 – 本期减少额

在会计实务工作中，依据核算的基本模式，只要在账务处理中记录、反映其中三个财产物资的数量价值指标，就能倒挤出剩余的一个数量价值指标。因此，不难发现永续盘存制和实地盘存制，两者本质的区别。

①永续盘存制的本质：在账务处理中记录、反映财产物资的期初数额、本期增加数额和本期减少数额，算出期末数额；即：

期末余额 = 期初余额 + 本期增加额 – 本期减少额

②实地盘存制的本质：在账务处理中记录、反映财产物资的期初数额、本期增加数额和期末数额，倒算本期减少数额；即：

本期减少额 = 期初余额 + 本期增加额 – 期末余额

显然，在实地盘存制下，期末余额的取得，需要通过实地盘点的方法获取财产物资的实际数额，此时，用盘点的实际数额替代了财产物资的期末数额。由于这种替代的存在，就很容易发现，实地盘存制并非是一种非常严密的管理制度，其存在手续不严密，不利于通过会计记录来加强财产物资的监管等方面的重要缺陷。

从以上角度去理解盘存制度的内涵，能使初学者更好地掌握盘存制度的概念以及两种盘存制度的区别及各自的优缺点。

（3）两种盘存制度的优缺点。

①永续盘存制的优点是核算手续严密，可随时了解和掌握各种库存存货的收入、发出和结存情况；有利于加强对物资的管理，从而可使各种存货安全、库存数额合理。其缺点是手续复杂，明细核算工作量较大。

②实地盘存制的优点是核算工作比较简单。其缺点是手续不严密，不利于通过会计记录来加强财产物资的监管。所以，这种盘存制度使用的单位较少，对于一些品种杂、收发频繁、价值低、损耗大且数量不稳定的存货，适合采用实地盘存制。

2. 财产物资清查结果的账务处理

（1）库存现金清查结果的账务处理。

（2）存货清查结果的账务处理。

（3）固定资产清查结果的账务处理。

3. 债权债务清查结果的账务处理

企业债权债务清查结果的账务处理方式，与库存现金、存货和固定资产等财产物资清查结果的账务处理方式是不同的。债权债务清查结果的账务处理，不需要通过"待处理财产损溢"账户进行核算。这是学习者往往容易进入的误区，需要特别强调并注意。

练习题

一、单项选择题

1. 平时对各项财产物质的增减变动都进行登记并随时结出余额的盘存制度是（　　）。
   A. 实地盘存制　　　　　　　　B. 收付实现制
   C. 永续盘存制　　　　　　　　D. 权责发生制

2. 实地盘存制在日常登记时对财产物资的数量（　　）。
   A. 只登记增加数，不登记减少数
   B. 先登记增加数，后登记减少数
   C. 只登记减少数，不登记增加数
   D. 既登记增加数，又登记减少数，并随时结出余额

3. 依据财产清查有关的要求，库存现金的清查需要（　　）。
   A. 每天盘点一次　　　　　　　B. 每周盘点一次
   C. 至少半年盘点一次　　　　　D. 每月盘点一次

4. 存货盘亏如果是由非正常损失造成的，此时该损失一般计入（　　）。
   A. 营业外支出　　　　　　　　B. 其他业务成本
   C. 管理费用　　　　　　　　　D. 主营业务成本

5. 存货盘亏如果是由于管理不善造成的，一般应计入（　　）。
   A. 营业外支出　　　　　　　　B. 其他业务成本
   C. 管理费用　　　　　　　　　D. 主营业务成本

6. 按照财产清查的要求，对库存现金清查要求（　　）。
   A. 审计人员必须在场　　　　　B. 出纳无须一直在场
   C. 出纳无须在场　　　　　　　D. 出纳必须在场

7. 财产清查时出现库存现金短缺，若尚不知原因应在发现短缺时借记（　　）。
   A. 库存现金　　　　　　　　　B. 管理费用
   C. 待处理财产损溢　　　　　　D. 营业外支出

8. 固定资产盘亏在扣除保险赔款或过失人赔偿后，应将其净损失计入（　　）。
   A. 累计折旧　　　　　　　　　B. 管理费用
   C. 营业外支出　　　　　　　　D. 其他应收款

9. 对各项实物进行清查盘点时，要求（　　）。
   A. 会计必须在场　　　　　　　B. 单位负责人必须在场
   C. 实物的保管人必须在场　　　D. 审计人员必须在场

10. 银行存款清查时编制的"银行存款余额调节表"调节后的银行存款余额为（　　）。
    A. 会计报表中的银行存款余额　　B. 企业账上的银行存款余额

C. 企业实际可用的银行存款余额　　　　D. 银行对账单上的银行存款余额

11. 如果双方记账均没有错误，那么企业银行存款日记账和银行对账单两者的银行存款余额不等是由于（　　）造成的。
   A. 短期借款　　　B. 库存现金　　　C. 预付账款　　　D. 未达账项

12. 存货盘亏如果是由于计量收发差错或合理损耗造成的，应将净损失计入（　　）。
   A. 管理费用　　　　　　　　　　　B. 营业外支出
   C. 其他业务成本　　　　　　　　　D. 其他应收款

13. 合理损耗造成的原材料盘亏，报经批准后，应编制的会计分录为（　　）。
   A. 借：待处理财产损溢　　　　　　B. 借：待处理财产损溢
      　　贷：原材料　　　　　　　　　　贷：管理费用
   C. 借：管理费用　　　　　　　　　D. 借：原材料
      　　贷：待处理财产损溢　　　　　　贷：待处理财产损溢

14. 在盘点实物时填写的"实存账存对比表"是（　　）。
   A. 自制原始凭证　　　　　　　　　B. 外来原始凭证
   C. 累计凭证　　　　　　　　　　　D. 转账凭证

15. 下列项目的清查属于货币资金清查的是（　　）。
   A. 其他货币资金的清查　　　　　　B. 库存商品的清查
   C. 原材料的清查　　　　　　　　　D. 债权债务的清查

16. 在银行存款清查时编制的"银行存款余额调节表"是（　　）。
   A. 查明银行和单位之间未达账项情况的表格
   B. 用来通知银行更正记账错误的依据
   C. 用来调整银行存款账簿记录的原始凭证
   D. 用来更正企业银行存款日记账错误的原始凭证

17. 企业进行财产清查时，出现盘亏是指（　　）。
   A. 账存数大于实存数　　　　　　　B. 账存数小于实存数
   C. 账存数等于实存数　　　　　　　D. 账存数小于或等于实存数

18. 对于库存现金的清查，一般是采用（　　）来实施的。
   A. 实地盘点法　　　　　　　　　　B. 查询核实法
   C. 推断法　　　　　　　　　　　　D. 账账核对法

19. 清查银行存款时，是核对（　　）与银行存款日记账中关于银行存款的记录。
   A. 现金日记账　　　　　　　　　　B. 银行存款总分类账
   C. 银行对账单　　　　　　　　　　D. 银行存款记账凭证

20. 由于自然灾害等非正常损失造成的财产损耗应计入（　　）。
   A. 其他应收款　　　　　　　　　　B. 其他业务成本
   C. 本年利润　　　　　　　　　　　D. 营业外支出

21. 原材料盘亏如果尚未查明原因，在发现盘亏时应编制的会计分录为（　　）。

— 72 —

A. 借记"营业外支出",贷记"待处理财产损溢"

B. 借记"其他应收款",贷记"待处理财产损溢"

C. 借记"管理费用",贷记"原材料"

D. 借记"待处理财产损溢",贷记"原材料"

22. 对于银行存款的清查,一般采用( )进行清查。

A. 核对账目法   B. 推断法

C. 抽样盘点法   D. 实地盘点法

23. 通常,企业年终决算或者重组前,需要进行( )。

A. 局部清查   B. 重点清查   C. 全面清查   D. 定期清查

24. 当企业选择采用实地盘存制时,财产物资的( )就是其期末结存数。

A. 滚存结余数   B. 实地盘存数

C. 收支抵减数   D. 账面结存数

25. 按照有关规定,对于贵重物资,每月都应清查盘点一次,该类清查属于( )。

A. 局部清查   B. 全面清查   C. 不定期清查   D. 重点清查

二、多项选择题

1. 财产全面清查的范围包括( )。

A. 固定资产   B. 存货   C. 应付账款

D. 应收账款   E. 货币资金

2. 在财产清查中,导致账实不符的原因包括( )。

A. 存储过程中的自然损耗   B. 收发计量错误

C. 财产物资的毁损或被盗   D. 会计账簿的重记

E. 会计账簿的漏记

3. 永续盘存制与实地盘存制两者的不同点包括( )。

A. 对财产物资的记录方法不同   B. 永续盘存制不需要财产清查

C. 实地盘存制不需要登记账簿   D. 适用范围不同

E. 设置的会计账簿不同

4. 在财产清查的账务处理中,"待处理财产损溢"账户的贷方记录( )。

A. 发生的财产物质盘盈额   B. 发生的财产物质盘亏额

C. 结转坏账损失或者毁损   D. 经批准转销的财产物质盘亏额

E. 经批准转销的财产物质盘盈额

5. 下列关于"待处理财产损溢"账户,正确的说法有( )。

A. 借方登记发生的各种财产物资的盘亏金额

B. 贷方登记批准转销的盘亏和毁损金额

C. 审批处理前的借方余额,反映企业尚未处理的各种财产的净损失

D. 会计期末该账户肯定有余额,且余额在借方

E. 会计期末该账户肯定有余额,且余额在贷方

6. 在下列情况发生时，一般要进行不定期清查的有（   ）。

   A. 单位更换现金出纳和财产物资保管人员

   B. 企业撤销、合并或改变隶属关系

   C. 单位年终结算前

   D. 单位发生意外损失或非常灾害时

7. 按照全面清查的概念，（   ）一般要求进行全面清查。

   A. 年终决算之前   B. 单位撤销

   C. 开展资产评估   D. 单位改变隶属关系

   E. 变更财产物资和现金保管人员

8. 在"银行存款余额调节表"中，属于对单位银行存款日记账余额进行调节的项目有（   ）。

   A. 银行已收，企业未收   B. 企业已付，银行未付

   C. 企业已收，银行未收   D. 银行已付，企业未付

   E. 银行对账单的余额

9. 库存现金出现短缺，可记入的账户有（   ）。

   A. "制造费用"账户   B. "其他应收款"账户

   C. "管理费用"账户   D. "销售费用"账户

   E. "营业外支出"账户

10. 银行存款的清查主要是核对（   ）。

    A. 银行存款收付款凭证   B. 银行存款总分类账户

    C. 银行对账单   D. 银行存款日记账

    E. 未达账项

11. 按照清查时间标准划分，财产清查分为（   ）。

    A. 全部清查   B. 定期清查   C. 局部清查

    D. 不定期清查   E. 重点清查

12. 下列内容中属于财产清查范围的有（   ）。

    A. 存货资产清查   B. 投资项目清查   C. 库存现金清查

    D. 利润及利润分配的清查   E. 应收应付款清查

13. 下列属于财产物资盘存制度的有（   ）。

    A. 永续盘存制   B. 实地盘存制   C. 权责发生制

    D. 收入成本配比制 E. 收付实现制

14. 财产清查可以按照不同的标准分类，下列属于财产清查正确分类方法的有（   ）。

    A. 定期和不定期清查   B. 全面和不定期清查

    C. 全面和局部清查   D. 定期和局部清查

    E. 重点和非重点清查

15. 财产清查前要准备的资料和物资包括（   ）。

A. 相关账簿 B. 会计报表
C. 计量器具 D. 清查登记用的表格清单

16. 下列清查内容中，属于局部清查主要对象的有（ ）。
A. 流动性较大的财产 B. 资本公积的价值 C. 现金和银行存款
D. 应收、应付款项 E. 投资项目的利润

17. 下列内容中，能记入"待处理财产损溢"账户借方核算的内容有（ ）。
A. 结转已批准处理的财产盘盈数
B. 发生的待处理财产的盘亏数和毁损数
C. 发生的待处理财产的盘盈数
D. 转销已批准处理的财产盘亏数和毁损数
E. 转销已批准处理的财产盘盈数、盘亏数和毁损数

18. 除保证会计资料真实性外，下列内容中还属于财产清查意义的有（ ）。
A. 建立健全财产物资管理的规章制度 B. 保护各项财产的安全与完整
C. 监督财经法规和财经纪律的执行 D. 挖掘财产物资的潜力

19. 财产清查的事前准备工作有（ ）。
A. 确定参加清查人员和分工 B. 制订财产清查的实施计划
C. 确定清查范围和具体对象 D. 准备好清查需用的表格清单
E. 对账实不符的情况进行调查寻找原因

20. 企业年终决算前进行的清查有（ ）。
A. 定期清查 B. 局部清查 C. 全面清查
D. 不定期清查 E. 实地清查

21. 下列财产物资适合采用实地盘存制的有（ ）。
A. 价值较低 B. 收发次数多 C. 价值较高
D. 收发次数少 E. 价值较高且收发次数少

22. 在企业的银行存款清查中，清查结果显示银行存款日记账账面余额大于银行对账单余额的原因包括（ ）。
A. 银行记账出错 B. 企业记账出错
C. 银行已记支出，企业尚未入账 D. 企业已记收入，银行尚未入账
E. 企业存在应收账款

23. 下列项目中，属于财产清查范围的有（ ）。
A. 原材料 B. 在建工程 C. 库存现金
D. 在产品 E. 交易性金融资产

24. 银行存款清查时，需要编制银行存款余额调节表，调整的未达账项包括（ ）。
A. 企业已付银行未付 B. 企业已收银行未收
C. 银行已付企业未付 D. 银行已收企业未收
E. 银行已付企业已付

25. 实地盘点的清查方法适用于（　　）。
   A. 原材料   B. 固定资产   C. 银行存款
   D. 库存现金   E. 应付账款

26. 通过财产清查要实现（　　）。
   A. 账物相符   B. 账款相符   C. 账账相符
   D. 账证相符   E. 账表相符

27. 债权债务一般采用（　　）方式进行清查。
   A. 全面清查   B. 定期清查   C. 邮寄对账单
   D. 不定期清查   E. 技术推断法

28. 当财产清查出现账实不符的情况时，可根据（　　）来调整会计账簿的记录。
   A. 现金盘点报告表   B. 实存账存对比表
   C. 银行存款日记账表   D. 盘存单
   E. 库存现金日记账

三、判断题

1. 财产清查是财会部门的工作，可以由财会人员单独完成。（　　）
2. 全面清查可能是定期清查，也可能是不定期清查。（　　）
3. 由于"待处理财产损溢"是资产类账户，因此其余额在借方。（　　）
4. 当单位撤销或合并时，要对企业的财产进行局部清查。（　　）
5. 将各种债权债务明细账账面余额与有关债权、债务单位或个人的账面记录进行核对，属于账实核对的内容。（　　）
6. 对于企业与银行之间的未达账项，企业应当编制记账凭证，并登记入账。（　　）
7. 如果财产清查时发现账实不符，要么是因为财产管理不善，要么是会计人员记账有误。（　　）
8. 如果某企业仓库发生火灾，为查明具体损失对其进行盘点清查，该清查既属于局部清查，又属于不定期清查。（　　）
9. 平时在账簿中只登记财产物质的增加数不登记减少数的盘存制度是永续盘存制。（　　）
10. 在财产清查中，盈亏都是财产保管部门的原因，和财会部门没有关系。（　　）
11. 财产清查的对象包括各项财产物质、货币资金和债权债务。（　　）
12. 在银行存款清查时，当企业银行日记账余额比银行对账单余额要大，说明银行存款是盘亏的。（　　）
13. 对应收账款进行清查时，预计应收款项发生减值的，应当计提"坏账准备"，不需通过"待处理财产损溢"账户。（　　）
14. 在报经批准后，对于存货盘亏应记入"管理费用"账户。（　　）
15. 当单位撤销、合并或改变隶属关系时，应该进行全面清查以明确经济责任。（　　）

16. 通过编制"银行存款余额调节表",可以发现企业和银行双方记录的银行存款余额是否一致。( )
17. 会计部门应在财产清查之前,将有关账簿登记齐全,结出余额,做好账簿准备。( )
18. 全面清查属于定期清查,局部清查属于不定期清查。( )
19. 调整账簿记录属于财产清查结果处理工作的内容。( )
20. 对各项实物资产进行盘点时,实物的保管人必须在场,并参加盘点。( )
21. 财会人员记账不及时是产生未达账项的主要原因。( )
22. 财产清查前必须准备好清查登记用的各种清单表格。( )
23. 会计人员记账错误是导致账实不符的主要原因。( )
24. 盘盈是指账面数大于实存数。( )
25. 根据事先计划安排的时间对财产物资等进行的清查称为定期清查。( )
26. 如果银行对账单与企业银行存款日记账核对后发现两者账面余额不一致,说明至少有一方记账有错误。( )
27. 银行存款的清查是通过将银行存款日记账与银行对账单逐笔核对这种方法来进行的。( )
28. 通过财产清查工作,企业可以发现呆账。( )
29. 为保证会计信息的准确性,每个月都要进行全面清查。( )
30. 由于计提差错等原因造成的存货盘亏,应将其净损失计入营业外支出。( )
31. 如果企业选择采用永续盘存制,那么后续便不需要再进行实地盘点。( )
32. 为了核算和监督财产清查结果的财务处理情况,需设置"待处理财产损溢"账户。( )
33. 如果单位的财产管理工作做得较好,那么就可以不进行财产清查。( )
34. 对于库存现金的清查,为保证清查工作的准确性,出纳人员应当回避。( )
35. 在银行存款清查中,银行存款余额调节表调整无误后的余额表示企业银行存款的真实数额。( )
36. 对无法支付的应付款项经批准后,应计入营业外收入。( )
37. 实地盘存制不利于通过会计记录来加强财产物资的监管。( )
38. 在进行银行存款清查时,如果发现银行存款日记账与银行对账单两者余额不等,可以肯定是因为未达账项。( )

四、简答题

1. 什么是财产清查?进行财产清查的意义是什么?
2. 什么是未达账项?未达账项有哪四种情况?
3. 财产物资的盘存制度有哪两种?各有什么优缺点?

五、业务处理题

1. 某企业20××年7月31日银行存款日记账的账面余额为32 200元,开户银行送来的对账单显示，其银行存款余额为 31 800 元，经过逐笔核对，发现以下情况：

（1）7 月 31 日企业收到外单位转账支票一张，计 2 500 元，企业已收账，银行尚未入账。

（2）7 月 31 日开户银行代付水电费 2 200 元，银行已作为减少企业存款而入账，但企业尚未接到转账通知，尚未入账。

（3）7 月 31 日企业委托开户银行代收款 3 000 元，银行已收并已入账，但收款通知尚未到达企业。

（4）7 月 31 日企业开出现金支票一张 1 300 元，持票人尚未到银行提取，银行尚未入账。

假设企业和银行双方记账没有错误。

要求：

（1）你认为导致该企业银行存款日记账和银行对账单余额不相等的原因是什么？

（2）根据上述资料，试编制"银行存款余额调节表"，并确认企业月末实际可用的银行存款余额。

2. 某企业 20××年 7 月 31 日银行存款日记账的账面余额 535 000 元，银行对账单余额 508 000 元，经核对发现有如下未达账项：

（1）7 月 30 日，委托银行收款 50 000 元，银行已收，收款通知尚未送达企业。

（2）7 月 30 日，企业开出现金支票一张，计 1 600 元，企业已记账，但持票人尚未到银行取款。

（3）7 月 31 日，银行为企业支付电费 1 000 元，银行已记账，企业尚未记账。

（4）7 月 31 日，企业收到外单位转账支票一张，计 64 000 元，企业已收账，银行尚未记账。

要求：

（1）根据上述资料编制银行存款余额调节表。

（2）若银行对账单所列企业存款无误，未过账项也由双方查明无误，说明什么问题？

第八章 财务会计报告和财务报表

学习的主要内容

主要内容：财务会计报告包括的内容；资产负债表、利润表、现金流量表、所有者权益变动表的内容和结构，会计报表附注的含义和内容；财务报表的阅读和分析。

基本要求：掌握资产负债表和利润表的编制方法；了解现金流量表、所有者权益变动表的内容结构和功能；理解会计报表附注的含义和内容；了解财务报表的阅读和分析。

本章的重点难点

1. 资产负债表的内涵和编制

（1）资产负债表的内涵。对于资产负债表的正确理解，主要包括：

①资产负债表是侧重反映企业在某一特定日期财务状况的会计报表。反映企业财务状况的会计要素是资产、负债以及所有者权益，因此资产负债表是通过资产、负债和所有者权益三个会计要素及其相互之间的关系来反映企业财务状况的。

②资产负债表是静态报表。资产负债表是对某一特定时点财务状况的客观反映，因此该报表是一张静态报表，静态反映企业的财务状况信息。

③资产负债表是月度报表。资产负债表最小的编报周期是月度，因此除了按季度、按半年、按年度定期编制以外，还需要按月编制。

（2）资产负债表的编制。资产负债表内各个项目的期末余额，应当根据资产、负债和所有者权益各账户的期末余额分析填列。具体的编制方法，主要有五个方面：

① 根据总账科目余额填列。资产负债表中的有些项目，应根据有关总账科目的余额填列，如"短期借款""应付票据""交易性金融负债""递延所得税负债""实收资本（或股本）""资本公积""盈余公积"等项目；有些项目则需根据几个总账科目的期末余额计算填列，如"货币资金"项目，需根据"库存现金""银行存款""其他货币资金"三个总账科目的期末余额的合计数填列。

②根据明细账科目的余额分析计算填列。资产负债表中的有些项目，应根据明细账科目余额计算填列，如"应付账款"项目，应根据"应付账款"和"预付账款"科目所属的相关明细科目的期末贷方余额合计数填列；"预收款项"项目，应根据"预收账款"和

"应收账款"科目所属的相关明细科目的期末贷方余额合计数填列；"未分配利润"项目，应根据"利润分配"科目所属的"未分配利润"明细科目期末余额填列。

③根据总账科目和明细科目的余额分析计算填列。资产负债表中的有些项目，应根据总账科目和明细科目的余额分析计算填列，如"长期借款"项目，需要根据"长期借款"总账科目余额扣除"长期借款"科目所属的明细科目中将在一年内到期、且企业不能自主地将清偿义务展期的长期借款后的金额计算填列。

④根据有关科目余额减去其备抵科目余额后的净额填列。资产负债表中的有些项目，应根据有关科目余额减去其备抵科目余额后的净额填列，如"固定资产"项目，应当根据"固定资产"和"固定资产清理"科目的期末余额，减去"累计折旧""固定资产减值准备"科目的期末余额后的金额填列。

⑤综合运用上述填列方法分析填列。资产负债表中的有些项目，应综合运用上述填列方法分析填列。如"存货"项目，需要根据"材料采购""原材料""发出商品""库存商品""周转材料""委托加工物资""生产成本""材料成本差异"等总账科目期末余额的分析汇总数，再减去"存货跌价准备"科目余额后的净额填列；如"应收账款"项目，需要根据"应收账款"和"预收账款"两个科目所属的相关明细科目的期末借方余额的合计数，减去"坏账准备"科目有关应收账款计提的坏账准备期末余额的净额填列；"预付款项"项目，需要根据"预付账款"和"应付账款"两个科目所属的相关明细科目的期末借方余额合计数，减去"坏账准备"科目中有关预付款项计提的坏账准备期末余额后的净额填列。

2. 利润表的内涵和编制

（1）利润表的内涵。对于利润表的正确理解，主要包括：

①利润表是反映企业一定会计期间经营成果的报表，它反映企业一定期间内利润（或亏损）的实现情况。反映企业经营成果的会计要素是收入、费用以及利润，因此利润表是通过收入、费用和利润三个会计要素及其之间的相互关系来反映企业经营成果的。

②利润表是动态报表。利润表是对某一会计期间经营成果的客观反映，因此该报表是动态报表，动态反映企业的经营成果信息。

③利润表最小的编报周期是月度，因此除了按季度、按半年、按年度定期编制以外，还需要按月编制。

（2）利润表的编制。利润表中本期金额栏内，各项数字应当根据损益类各账户的"发生额"分析填列，很多初学者经常认为是根据损益类各账户的期末余额分析填列，这是很容易出现的误区。

3. 财务报表的最新格式

为解决执行企业会计准则的企业在财务报告编制中的实际问题，规范企业财务报表列报，提高会计信息质量，2019年4月30日财政部发布了《关于修订印发2019年度一般企业财务报表格式的通知》。其中已执行新金融准则、新收入准则和新租赁准则企业的资产负债表和利润表的新格式如表8-1和表8-2所示。

表 8-1			资产负债表		会企01表
编制单位：			年 月 日		单位：元
资产	期末余额	上年年末余额	负债和所有者权益（或股东权益）	期末余额	上年年末余额
流动资产：			流动负债：		
货币资金			短期借款		
交易性金融资产			交易性金融负债		
衍生金融资产			衍生金融负债		
应收票据			应付票据		
应收账款			应付账款		
应收款项融资			预收款项		
预付款项			合同负债		
其他应收款			应付职工薪酬		
存货			应交税费		
合同资产			其他应付款		
持有待售资产			持有待售负债		
一年内到期的非流动资产			一年内到期的非流动负债		
其他流动资产			其他流动负债		
流动资产合计			流动负债合计		
非流动资产：			非流动负债：		
债权投资			长期借款		
其他债权投资			应付债券		
长期应收款			其中：优先股		
长期股权投资			永续债		
其他权益工具投资			租赁负债		
其他非流动金融资产			长期应付款		
投资性房地产			预计负债		
固定资产			递延收益		
在建工程			递延所得税负债		
生产性生物资产			其他非流动负债		
油气资产			非流动负债合计		
使用权资产			负债合计		

续表

资产	期末余额	上年年末余额	负债和所有者权益（或股东权益）	期末余额	上年年末余额
无形资产			所有者权益（或股东权益）：		
开发支出			实收资本（或股本）		
商誉			其他权益工具		
长期待摊费用			其中：优先股		
递延所得税资产			永续债		
其他非流动资产			资本公积		
非流动资产合计			减：库存股		
			其他综合收益		
			专项储备		
			盈余公积		
			未分配利润		
			所有者权益（或股东权益）合计		
资产总计			负债和所有者权益（或股东权益）总计		

表 8-2　　　　　　　　　　　　　　　利润表　　　　　　　　　　　　　　会企 02 表

编制单位：　　　　　　　　　　　　　　年　月　　　　　　　　　　　　　　单位：元

项目	本期金额	上期金额
一、营业收入		
减：营业成本		
税金及附加		
销售费用		
管理费用		
研发费用		
财务费用		
其中：利息费用		
利息收入		
加：其他收益		
投资收益（损失以"-"号填列）		

续表

项目	本期金额	上期金额
其中：对联营企业和合营企业的投资收益		
以摊余成本计量的金融资产终止确认收益（损失以"－"号填列）		
净敞口套期收益（损失以"－"号填列）		
公允价值变动收益（损失以"－"号填列）		
信用减值损失（损失以"－"号填列）		
资产减值损失（损失以"－"号填列）		
资产处置收益（损失以"－"号填列）		
二、营业利润（亏损以"－"号填列）		
加：营业外收入		
减：营业外支出		
三、利润总额（亏损总额以"－"号填列）		
减：所得税费用		
四、净利润（净亏损以"－"号填列）		
（一）持续经营净利润（净亏损以"－"号填列）		
（二）终止经营净利润（净亏损以"－"号填列）		
五、其他综合收益的税后净额		
（一）不能重分类进损益的其他综合收益		
1. 重新计量设定受益计划变动额		
2. 权益法下不能转损益的其他综合收益		
3. 其他权益工具投资公允价值变动		
4. 企业自身信用风险公允价值变动		
……		
（二）将重分类进损益的其他综合收益		
1. 权益法下可转损益的其他综合收益		
2. 其他债权投资公允价值变动		
3. 金融资产重分类计入其他综合收益的金额		
4. 其他债权投资信用减值准备		
5. 现金流量套期储备		
6. 外币财务报表折算差额		
……		
六、综合收益总额		
七、每股收益：		
（一）基本每股收益		
（二）稀释每股收益		

为顺应经济环境的变化，本次修订对财务会计报表的某些内容及其组成部分进行了适当的调整。新财务会计报表的具体内容与原有的会计报表有一定的差异，但从结构上看，依然保留原有的结构，仅仅是具体内容上发生了一些调整与变化。

4. 现金流量表及其重要概念

对于现金流量表的正确理解，主要包括：

（1）现金流量表的概念。现金流量表是指反映企业在一定会计期间现金和现金等价物流入和流出的会计报表。

（2）现金流量表是动态报表。现金流量表反映的是会计主体某一会计期间的现金流量，因此该报表是动态报表，反映企业的现金和现金等价物流入和流出的会计信息。

（3）对现金和现金等价物的正确理解。现金流量表的编制基础为现金和现金等价物。对现金和现金等价物要求正确理解它们的内涵。

①现金的概念。现金有狭义和广义之分，狭义的现金通常是指企业的库存现金。这里所讨论的是广义的现金，是指企业的库存现金以及可以随时用于支付的存款，包括库存现金、银行存款和其他货币资金。特别强调，不能随时用于支取的存款不属于现金。

②现金等价物的概念。现金等价物是指企业持有的期限短、流动性强、易于转换为已知金额现金、价值变动风险很小的投资。期限短，一般是指从购买日起三个月内到期。现金等价物通常包括三个月内到期的债券投资。特别要注意，由于权益性投资变现的金额通常不确定，因而不属于现金等价物。通常，在实务中，企业应当根据具体情况，确定现金等价物的范围，一经确定不得随意变更。

（4）现金流量表反映的财务信息。通常，报表使用者通过分析现金流量表，可以了解和评价企业获取现金和现金等价物的能力，并据以预测企业未来现金流量。

5. 所有者权益变动表的概念

按照规定，所有者权益变动表也是企业必须定期编制的会计报表之一。所有者权益变动表是反映构成所有者权益的各组成部分当期的增减变动情况的会计报表。

6. "四表一注"的具体内容

财务报表是财务会计报告的核心内容，定期编制财务报表，是企业会计核算工作的一项重要内容。实务中常说的"四表一注"的具体内容如下：

（1）"四表"是指资产负债表、利润表、现金流量表和所有者权益变动表。

（2）"一注"是指会计报表附注。

通过阅读和分析主要的财务报表，能够提炼出更多的财务信息，更好地为报告使用者提供服务。企业管理者利用财务信息能改善和加强公司经营管理；国家经济管理部门利用财务信息，能更加科学合理对国家进行宏观调控和管理；企业的投资者、债权人等企业利益相关者，可以通过企业的财务报表了解企业的财务信息，分析企业的偿债能力、盈利能力、营运能力和发展能力等信息，以作为投资、信贷、融资等决策的依据。

练习题

一、单项选择题

1. 按照相关规定，我国上市公司年度财务会计报告应当在每个会计年度结束之日起（　　）内对外披露。
   A. 一个月　　　B. 两个月　　　C. 三个月　　　D. 四个月

2. 资产负债表是企业需定期编制的会计报表之一，它属于（　　）。
   A. 时点报表　　B. 动态报表　　C. 年度报表　　D. 时期报表

3. 反映企业在某一特定日期财务状况的报表是（　　）。
   A. 资产负债表　　　　　　　B. 所有者权益变动表
   C. 现金流量表　　　　　　　D. 会计报表附注

4. 没有统一规定格式的会计报表是（　　）。
   A. 对外报表　　B. 内部报表　　C. 动态报表　　D. 合并报表

5. 按照会计准则的规定，我国利润表一般采用（　　）格式。
   A. 单步式　　　B. 账户式　　　C. 报告式　　　D. 多步式

6. 下列资产项目中，排在资产负债表左方最前面的项目是（　　）。
   A. 货币资金　　　　　　　　B. 交易性金融资产
   C. 应收票据　　　　　　　　D. 固定资产

7. 利润表是反映企业一定期间内（　　）的报表。
   A. 经营成果　　　　　　　　B. 所有者权益
   C. 现金净流量　　　　　　　D. 财务状况

8. 资产负债表中的资产和负债项目是按照项目的（　　）排列顺序的。
   A. 金额大小　　B. 重要程度　　C. 流动性　　　D. 随意性

9. 按提供对象的标准分类，会计报表可以分为（　　）。
   A. 年度报表和中期报表　　　B. 个别报表和合并报表
   C. 静态报表和动态报表　　　D. 对外报表和内部报表

10. 假设某上市公司"应收账款"明细账借方余额合计为 420 000 元，贷方余额合计为 80 000 元，坏账准备贷方余额为 20 000 元，则资产负债表的"应收账款"项目为（　　）元。
    A. 100 000　　B. 400 000　　C. 320 000　　D. 420 000

11. 资产负债表项目中，不可以根据总分类账户期末余额直接填列的是（　　）。
    A. 实收资本　　B. 应付票据　　C. 长期借款　　D. 短期借款

12. 下列报表中，其所有项目均依据相关账户余额进行填列的是（　　）。
    A. 资产负债表　　　　　　　B. 所有者权益变动表

C. 现金流量表 D. 利润表

13. 会计报表使用者中,最关心企业盈利能力和利润分配政策的是( )。

A. 股东 B. 国家税务部门

C. 客户 D. 债权人

14. 资产负债表中右边的"应付账款"项目,需根据( )的期末余额分析填列。

A. "应付账款"总账户

B. "应付账款"各明细账户

C. "应付账款"各明细账户与"预付账款"各明细账户

D. "预付账款"总账户

15. 现金流量表是反映企业一定会计期间现金流量情况的报表,它是以( )为基础编制的。

A. 谨慎性 B. 收付实现制

C. 实质重于形式 D. 权责发生制

16. 利润表的各个项目应根据( )的发生额分析计算填列。

A. "实收资本"账户 B. "本年利润"账户

C. 损益类各账户 D. "利润分配"账户

17. 下列项目中,无法从资产负债表和利润表中获取的是( )。

A. 筹资活动的现金流入和流出 B. 流动资产期末余额

C. 负债期末余额 D. 营业利润

18. 下列报表中,属于静态会计报表的是( )。

A. 资产负债表 B. 合并报表 C. 内部报表 D. 外部报表

19. 编制财务会计报表的工作属于( )。

A. 会计预测 B. 会计监督 C. 会计决策 D. 会计核算

20. 在企业的利润表中,利润总额与净利润之间的差额为( )。

A. 营业收入 B. 营业外收入

C. 营业成本 D. 所得税费用

21. 某企业20××年实现的主营业务收入为200 000元,主营业务成本为100 000元,其他业务收入为30 000元,其他业务成本为10 000元;发生的销售费用为10 000元,管理费用为8 000元,财务费用为2 000元;投资净收益为20 000元;营业外支出为15 000元。则该企业该年的营业利润为( )元。

A. 120 000 B. 100 000 C. 105 000 D. 135 000

22. 下列属于现金等价物的是( )。

A. 三个月内到期的短期债券投资 B. 银行存款

C. 股票投资 D. 库存现金

23. 下列反映企业获利能力的指标是( )。

A. 资产负债率 B. 存货周转率

C. 流动比率　　　　　　　　　　D. 营业净利率

24. 在对偿债能力指标的分析中，（　　）最关心速动比率的大小。

A. 企业投资者　　　　　　　　　B. 短期债权人

C. 长期债权人　　　　　　　　　D. 税务部门

25. 能够用于分析企业营运能力的指标是（　　）。

A. 已获利息倍数　　　　　　　　B. 存货周转率

C. 产权比率　　　　　　　　　　D. 资产负债率

二、多项选择题

1. 按编制单位进行分类，会计报表可分为（　　）。

A. 个别财务报表　　　B. 企业外部报表　　　C. 公司报表

D. 合并财务报表　　　E. 企业内部报表

2. 根据资产负债表的编制规则，资产负债表中"应付账款"项目的数额，应根据（　　）分析、计算填列。

A. "预付账款"账户所属明细分类账的贷方余额

B. "应收账款"总账的借方余额

C. "应付账款"账户所属明细分类账的贷方余额

D. "应付账款"总账的贷方余额

E. "其他应付款""应付账款"等总账账户贷方余额合计数

3. 按照资产负债表的格式，"负债和所有者权益"应包括（　　）。

A. 流动资产　　　　　B. 流动负债　　　　　C. 非流动负债

D. 所有者权益　　　　E. 非流动资产

4. 为表明经济责任，需要会计报表上签章的人员包括（　　）。

A. 企业法定代表人　　B. 主管会计工作负责人　　C. 会计机构负责人

D. 出纳人员　　　　　E. 对账人员

5. 通常，企（事）业单位会计报表的使用者包括（　　）。

A. 投资者　　　　　　B. 债权人　　　　　　C. 政府机构

D. 企业管理者　　　　E. 社会公众

6. 资产负债表揭示的信息包括（　　）。

A. 资产项目　　　　　B. 营业利润　　　　　C. 负债项目

D. 所有者权益项目　　E. 营业外收入

7. 编制会计报表的要求有（　　）。

A. 内容完整　　　B. 报送及时　　　C. 数字真实　　　D. 计算准确

8. 资产负债表中的"货币资金"项目，应根据（　　）加总填列。

A. 交易性金融资产　　B. 银行存款　　　　　C. 库存现金

D. 其他货币资金　　　E. 存货

9. 下列项目中，属于现金流量表中广义现金的有（　　）。

A. 其他货币资金   B. 银行存款   C. 库存现金
D. 现金等价物   E. 预付账款

10. 资产负债表中的"预收款项"项目，应依据（　　）明细账户分析、计算填列。
A. 预收账款   B. 应付账款   C. 其他应付款
D. 应收账款   E. 应收票据

三、判断题

1. 营业外收入对利润表是有影响的。　　　　　　　　　　　　　　　　（　　）
2. 资产负债表反映企业在某一特定时点上财务状况的报表，所以它属于静态会计报表。
　　　　　　　　　　　　　　　　　　　　　　　　　　　　　　　　（　　）
3. 现金等价物通常包括三个月内到期的债权投资。　　　　　　　　　　（　　）
4. 资产负债表中的"预付款项"项目，应该根据"预付账款"总账的借方余额直接填列。　　　　　　　　　　　　　　　　　　　　　　　　　　　　　　　　（　　）
5. 对外披露的会计报表通常有统一规定的格式。　　　　　　　　　　　（　　）
6. 资产负债表中的存货项目应包括生产成本的余额。　　　　　　　　　（　　）
7. 企业可根据现金日记账的余额直接填列资产负债表中"货币资金"项目。（　　）
8. 资产负债表是反映会计主体经营成果的报表。　　　　　　　　　　　（　　）
9. 可以为会计报表使用者提供财务信息是会计报表的重要功能之一。　　（　　）
10. 如果会计主体当期发生亏损，那当期可以不用编制利润表。　　　　（　　）
11. 资产负债表中的"应收账款"项目，应根据"应收账款"和"预付账款"所属明细科目的借方余额合计数填列。　　　　　　　　　　　　　　　　　　　（　　）
12. 会计报表附注可以对报表所列项目作进一步补充说明。　　　　　　（　　）
13. 由于企业的会计报表能够反映企业的重要信息，属于商业机密，因此不能公开披露。　　　　　　　　　　　　　　　　　　　　　　　　　　　　　　　（　　）
14. 投资收益对利润表中的利润总额没有影响。　　　　　　　　　　　（　　）
15. 企业持有的期限短、流动性强、易于转换为已知金额现金、价值变动风险很小的投资称之为现金等价物。　　　　　　　　　　　　　　　　　　　　　　（　　）
16. 资产负债表中的项目主要是根据各类账簿的期末余额分析计算来填列的。（　　）
17. 利润表的数据是根据损益类账户的期末余额填列的。　　　　　　　（　　）
18. 现金流量表中的"现金"是指广义现金的范围，即为货币资金。　　（　　）
19. 企业购买三个月内到期的债券投资，会增加投资活动的现金流出量。（　　）
20. 会计报表编制好报出后，企业的会计工作就结束了。　　　　　　　（　　）
21. 营业利润主要反映企业日常经营活动的获利情况，营业利润为正数时净利润也一定为正数。　　　　　　　　　　　　　　　　　　　　　　　　　　　　（　　）
22. 现金流量表所指的"现金"一般包括广义的现金及现金等价物。　　（　　）
23. 为了更方便地编制会计报表，会计报表中的项目应与会计科目完全对应。（　　）
24. 我国利润表的格式属于多步式利润表。　　　　　　　　　　　　　（　　）

25. 企业可以对外披露会计账簿向信息使用者提供会计信息。（   ）
26. 企业财务报告和企业财务报表两者完全是同一个概念。（   ）
27. 如果一个企业净利润是亏损的，那肯定也没有营业利润。（   ）
28. 如果会计期末库存现金总账账户余额是 20 000 元，那么资产负债表中货币资金项目就填列 20 000 元。（   ）

四、简答题

1. 什么是财务会计报告？什么是财务报表？财务报表包括哪些内容？
2. 现金流量表中所指的现金和现金等价物分别包含什么内容？并简要说明现金流量表有什么作用。

五、业务处理题

1. 寰宇公司 20××年 12 月 31 日结账后，其部分总分类账户余额如下表所示。

部分总分类账户余额　　　　　　　　　　　　　　　　　　单位：元

借方余额账户	年末数	贷方余额账户	年末数
库存现金	1 400	应付账款	9 000
银行存款	266 000	预收账款	4 400
应收账款	14 100	应付职工薪酬	7 980
预付账款	4 800	应付股利	7 200
原材料	255 000	应交税费	4 000
库存商品	123 000	累计折旧	1 650 000
生产成本	85 000	盈余公积	61 149
固定资产	4 960 000		

有关明细分类账户余额如下：

（1）应收账款明细分类账借方余额　　　　18 100
　　　应收账款明细分类账贷方余额　　　　4 000
（2）应付账款明细分类账借方余额　　　　1 300
　　　应付账款明细分类账贷方余额　　　　10 300
（3）预付账款明细分类账借方余额　　　　7 800
　　　预付账款明细分类账贷方余额　　　　3 000
（4）预收账款明细分类账借方余额　　　　2 000
　　　预收账款明细分类账贷方余额　　　　6 400

要求：根据以上资料，计算公司 12 月 31 日资产负债表有关项目的金额。

（1）"货币资金"项目 =

（2）"存货"项目 =

（3）"应收账款"项目 =

（4）"应付账款"项目 =

（5）"预收款项"项目 =

2. 已知心海公司适用的所得税税率为25%，根据心海公司20××年各损益类账户记录分析后得到以下各项数据（单位：元）：

账户	借方发生额	贷方发生额
（1）主营业务收入		1 801 200
（2）主营业务成本	1 290 760	
（3）其他业务收入		43 400
（4）其他业务成本	11 000	
（5）销售费用	76 000	
（6）管理费用	140 200	
（7）财务费用	18 460	
（8）营业外收入		14 200
（9）营业外支出	6 700	
（10）投资收益		350 000
（11）税金及附加	5 200	

要求：试计算心海公司20××年度利润表中各项目：

（1）营业收入 =

（2）营业成本 =

（3）营业利润 =

（4）利润总额 =

（5）净利润 =

3. 腾飞公司20××年12月31日资产负债表资料如下表所示。

资产负债表

编制单位：腾飞公司　　　　　　　　20××年12月31日　　　　　　　　　　单位：元

资产	年末数	负债和所有者权益	年末数
流动资产：		流动负债：	
货币资金	（　　）	短期借款	（　　）
交易性金融资产	75 000	交易性金融负债	20 000
应收账款	35 000	应付账款	12 000
存货	408 000	流动负债合计	178 000

续表

资产	年末数	负债和所有者权益	年末数
流动资产合计	600 000	长期借款	150 000
非流动资产：		应付债券	12 000
长期股权投资	160 000	非流动负债合计	162 000
固定资产	（　　）	负债合计	340 000
无形资产	50 000	所有者权益：	
长期待摊费用	25 000	实收资本	605 000
非流动资产合计	（　　）	盈余公积	55 000
		所有者权益合计	660 000
资产总计	（　　）	负债和所有者权益总计	1 000 000

要求：将以上资产负债表中空白处的数字填上。

4. 大华公司20××年12月31日部分总账和明细账的余额如下表所示。

部分总账和明细账的余额　　　　　　　　　　　　　　　　单位：元

总账	明细分类账	期末余额	
		借或贷	金额
库存现金		借	10 000
银行存款		借	500 000
应收账款	——A公司 ——B公司	贷 借	2 000 8 000
坏账准备	——应收账款（B公司）	贷	1 500
原材料		借	120 000
生产成本		借	30 000
库存商品		借	25 000
存货跌价准备		贷	15 000
固定资产		借	800 000
累计折旧		贷	100 000
预收账款	——C公司 ——D公司	贷 借	5 000 1 000

要求：根据上述资料，将大华公司资产负债表中的空白项目填列完整。

资产负债表

编制单位：大华公司　　　　　　　20××年12月31日　　　　　　　　　　单位：元

资产	期末数	负债和所有者权益	期末数
流动资产：		流动负债：	
货币资金	(　　　　)	短期借款	35 000
交易性金融资产	24 000	应付账款	28 000
应收账款	(　　　　)	预收款项	(　　　　)
预付款项	30 000	应付职工薪酬	50 000
存货	(　　　　)	流动负债合计	(　　　　)
其他流动资产	50 000	非流动负债：	
流动资产合计	(　　　　)	长期借款	220 000
非流动资产：		非流动负债合计	220 000
固定资产	(　　　　)	负债合计	(　　　　)
无形资产	100 000	所有者权益：	
		实收资本	800 000
		盈余公积	241 500
		未分配利润	200 000
		所有者权益合计	(　　　　)
资产总计	(　　　　)	负债和所有者权益总计	(　　　　)

第九章　账务处理程序

学习的主要内容

主要内容：账务处理程序的概念；各类账务处理程序的基本步骤及要求。

基本要求：了解各种账务处理程序的核算要求、步骤和使用范围；掌握按不同单位和具体情况设置账务处理程序的基础知识和操作技能。

本章的重点难点

1. 常见的账务处理程序的概念和种类

（1）账务处理程序的概念。账务处理程序也称为会计核算程序或会计核算形式，是对会计数据的记录、归类、汇总、呈报的步骤和方法，即从原始凭证的整理、汇总，记账凭证的填制、汇总，日记账、明细分类账、总分类账的登记，到财务报表编制的步骤和方法。

（2）账务处理程序的分类。不同账务处理程序登记总分类账的依据是不同的，根据登记总账的依据不同，账务处理程序主要有以下五种：记账凭证账务处理程序、汇总记账凭证账务处理程序、科目汇总表账务处理程序、多栏式日记账账务处理程序和日记总账账务处理程序。

（3）最基本的会计核算程序。记账凭证账务处理程序是最基本的会计核算形式。其他各种会计核算形式都是在记账凭证核算形式基础上，根据经济管理的需要发展而形成的。

2. 记账凭证账务处理程序的主要内容

记账凭证账务处理程序的特点是直接根据记账凭证，逐笔登记总分类账。

（1）强调的重点。从记账凭证到总账的传递过程中，信息直接从记账凭证登记到总账。

（2）记账凭证账务处理程序中，有关会计凭证和账簿的设置问题。根据记账凭证账务处理程序的概念，在设置会计凭证和会计账簿的内容和格式时，要注意几个方面的内容：

①记账凭证的设置。在记账凭证账务处理程序中，记账凭证可以采用通用格式，也可以采用收款凭证、付款凭证和转账凭证的专用格式。

②会计账簿种类的设置。在记账凭证账务处理程序中，一般需要设置现金日记账、银

行存款日记、总分类账和明细分类账。

③会计账簿格式的设置。在记账凭证账务处理程序中,现金日记账、银行存款日记账和总分类账的格式均可采用三栏式;明细分类账可以根据需要采用三栏式、多栏式或数量金额式。

(3) 记账凭证账务处理程序的基本步骤。记账凭证账务处理程序如图9-1所示,它清晰地说明了记账凭证账务处理程序的工作流程。

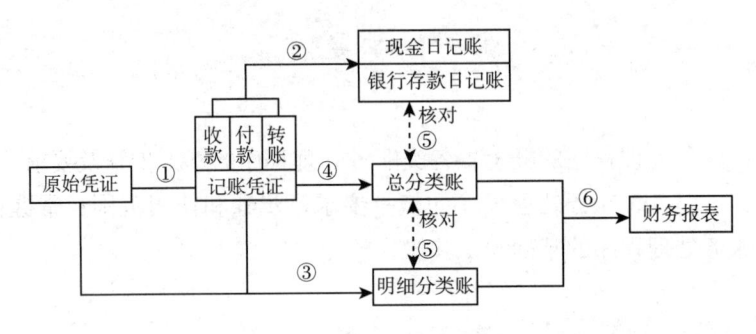

图9-1 记账凭证账务处理程序

①根据审核无误的原始凭证或者汇总原始凭证,编制记账凭证(包括收款、付款和转账凭证三类)。

②根据收、付款凭证逐日逐笔登记特种日记账(包括现金日记账、银行存款日记账)。

③根据原始凭证、汇总原始凭证和记账凭证编制有关的明细分类账。

④根据记账凭证逐笔登记总分类账。

⑤月末,将特种日记账的余额以及各种明细账的余额合计数,分别与总账中有关账户的余额核对相符。

⑥月末,根据经核对无误的总账和有关明细账的记录,编制财务报表。

(4) 记账凭证账务处理程序的优缺点。这种账务处理方法有两个优点:一是会计凭证和账簿格式及账务处理程序简单明了,易于理解和运用;二是由于总分类账是直接根据各种记账凭证逐笔登记的,因此总分类账能比较详细和具体地反映各项经济业务,便于查账。缺点是:由于要根据记账凭证逐笔登记总分类账,因此登记总分类账的工作量较大。

(5) 记账凭证账务处理程序的适用范围。一般适用于规模较小、业务量较少及记账凭证数量不多的企业采用。

总之,记账凭证账务处理程序是最基本的会计核算形式。其他各种会计核算形式都是在记账凭证核算形式基础上,根据经济管理的需要发展而形成的。一个单位的性质、规模和业务繁复程度决定其适用的账务处理程序。由于不同的账务处理程序,对汇总凭证的要求和登记总分类账的依据不同,所以各单位必须从各自的实际情况出发,科学地组织本单位会计核算程序,以保证会计工作高效、高质,充分发挥会计核算监督的基本职能,为会计参与企业经营决策打下良好基础,以有效地实现会计的管理职能。

练习题

一、单项选择题

1. 通常，（　　）结合在一起的联合账簿称为日记总账。
   A. 日记账与备查账簿　　　　　　　B. 日记账与总账
   C. 银行存款日记账与记账凭证　　　D. 现金日记账与明细账

2. 一般企业在选择汇总记账凭证账务处理程序时，为了便于编制汇总转账凭证，要求所有转账凭证应按（　　）相对应来填列。
   A. 一个借方科目与一个贷方科目
   B. 多个借方科目与多个贷方科目
   C. 一个借方科目与一个或几个贷方科目
   D. 一个贷方科目与一个或几个借方科目

3. 下列账务处理核算程序中，不能反映会计账户对应关系的是（　　）。
   A. 汇总记账凭证核算形式　　　B. 科目汇总表核算形式
   C. 多栏式日记账核算形式　　　D. 日记总账核算形式

4. （　　）不同是汇总记账凭证和科目汇总表的主要区别。
   A. 汇总人员　　B. 汇总地点　　C. 汇总方式　　D. 汇总时间

5. 在实务中，各企事业单位根据（　　），产生了多种不同的账务处理程序。
   A. 记账凭证不同　　　　　　B. 登记总账的依据不同
   C. 登记明细账的不同　　　　D. 原始凭证的不同

6. 汇总记账凭证账务处理程序根据（　　）登记总账。
   A. 通用凭证　　　B. 汇总记账凭证
   C. 记账凭证　　　D. 专用凭证

7. 科目汇总表是根据（　　）定期编制的。
   A. 原始凭证　　　B. 收款凭证
   C. 记账凭证　　　D. 转账凭证

8. 与记账凭证核算程序相比，采用汇总记账凭证核算程序登记总账的工作量会（　　）。
   A. 增加　　　B. 减少　　　C. 相等　　　D. 不确定

9. 下列会计核算形式中，最基本的会计核算形式是（　　）。
   A. 记账凭证核算形式　　　B. 多栏式日记账核算形式
   C. 日记总账核算形式　　　D. 汇总记账凭证核算形式

10. （　　）是指直接根据记账凭证，逐笔登记总账的账务处理程序。
    A. 记账凭证账务处理程序　　　B. 多栏式日记账账务处理程序
    C. 汇总记账凭证账务处理程序　D. 科目汇总表账务处理程序

11. 下列表述中，能反映科目汇总表核算程序优点的是（ ）。
   A. 能详细具体地反映各项经济业务   B. 可以使总账的记录非常详细
   C. 可以减少登记总账的工作量   D. 能反映各科目的对应关系

12. 不同的会计核算形式（ ）是相同的。
   A. 登记总分类账的依据   B. 登记明细分类账的依据
   C. 适应的范围   D. 特点

13. 下列会计核算形式中，登记总账工作量最大的是（ ）。
   A. 记账凭证核算形式   B. 多栏式日记账核算形式
   C. 汇总记账凭证核算形式   D. 科目汇总表核算形式

14. 汇总付款凭证按照"库存现金"或"银行存款"科目的（ ）分别设置，并按与设置科目相对应的（ ）科目归类汇总。
   A. 贷方、借方   B. 借方、借方
   C. 借方、贷方   D. 贷方、贷方

15. 记账凭证会计核算形式适用于（ ）的企业。
   A. 规模较大、业务比较复杂
   B. 规模较小、业务量比较多
   C. 规模较小，业务量较少及记账凭证不多
   D. 规模较大，业务量较多

16. 科目汇总表账务处理程序与汇总记账凭证账务处理程序都可以（ ）。
   A. 反映经济业务的来龙去脉   B. 简化登记总账的工作量
   C. 进行试算平衡   D. 反映科目之间的对应关系

二、多项选择题

1. 记账凭证账务处理程序下，需设置的记账凭证包括（ ）。
   A. 收款凭证   B. 原始凭证   C. 付款凭证
   D. 转账凭证   E. 原始凭证汇总表

2. 各种核算形式登记总账的依据不同，（ ）分别是记账凭证核算形式、多栏式日记账核算形式、日记总账核算形式登记总账的直接依据。
   A. 科目汇总表   B. 记账凭证   C. 多栏式日记账
   D. 汇总记账凭证   E. 日记总账

3. 在汇总记账凭证核算程序下，需设置的账簿包括（ ）。
   A. 现金日记账   B. 总分类账   C. 银行存款日记账
   D. 明细分类账   E. 财务报表

4. 下列项目中，（ ）是会计核算程序应符合的要求。
   A. 能及时提供本单位经济活动真实完整的资料，满足经济管理的需要
   B. 适合本单位生产经济管理活动的特点
   C. 尽可能简化会计核算手续，提高工作效率

D. 有利于会计机构内部的分工协作

5. 对于科目汇总表账务处理程序，下列属于其缺点的有（　　）。
   A. 不便于了解经济业务的来龙去脉　　　B. 增加登记总账的工作量
   C. 不能反映科目的对应关系　　　　　　D. 不能进行试算平衡

6. （　　）的企业，适合选择汇总记账凭证账务处理程序，来组织开展企业的账务处理工作。
   A. 经营规模较小　　　B. 经济业务较少　　　C. 经营规模较大
   D. 经济业务较多　　　E. 规模较大但业务数量较小

7. 汇总转账凭证的科目对应关系包括（　　）。
   A. 一借一贷　　　B. 多借一贷　　　C. 一借多贷　　　D. 多借多贷

8. 下列核算程序中，其总分类账的账页格式仅适用三栏式的核算程序的有（　　）。
   A. 科目汇总表核算程序　　　　　　　B. 记账凭证核算程序
   C. 汇总记账凭证核算程序　　　　　　D. 日记总账核算程序

9. 按照汇总记账凭证核算程序的要求，需要编制的汇总记账凭证包括（　　）。
   A. 汇总收款凭证　　　B. 汇总付款凭证　　　C. 汇总转账凭证
   D. 科目汇总表　　　　E. 汇总原始凭证

10. 按相关科目的贷方设置，按借方科目进行归类汇总的汇总记账凭证包括（　　）。
    A. 科目汇总表　　　B. 汇总付款凭证　　　C. 汇总转账凭证
    D. 汇总收款凭证　　E. 汇总原始凭证

11. 多栏式日记账核算程序一般用于（　　）的单位。
    A. 规模较大　　　B. 规模较小　　　C. 收支款业务较多
    D. 收支款业务较少　　　E. 规模较小而且收支款业务较少

12. 与其他核算形式相比，日记总账核算程序一般用于（　　）的单位。
    A. 经营规模小　　　B. 经济业务简单　　　C. 使用会计科目较少
    D. 经济业务较多　　　E. 规模较大

13. 在科目汇总表核算程序中，科目汇总表可以（　　）。
    A. 作为登记总分类账的依据　　　　　B. 进行试算平衡的检验
    C. 反映各科目之间的对应关系　　　　D. 作为登记明细账的依据
    E. 反映会计科目的期末余额

14. 在账务处理形式中，登记总分类账的依据可以是（　　）。
    A. 记账凭证　　　B. 汇总记账凭证　　　C. 科目汇总表
    D. 多栏式日记账　E. 日记总账

三、判断题

1. 企（事）业单位一般不能自主选择账务处理核算程序。（　　）
2. 科目汇总表可以用来登记总分类账。（　　）
3. 不同的会计核算形式下登记现金日记账和银行存款日记账的依据不同。（　　）

4. 在科目汇总表账务处理程序下,科目汇总表除了可以用来登记总账,还可以用来登记明细账和日记账。（   ）

5. 日记总账账务处理程序适用于业务简单、会计科目较少的单位。（   ）

6. 按照规定,会计核算程序一旦选定就不能更改。（   ）

7. 记账凭证核算程序下不宜编制一借多贷的转账凭证。（   ）

8. 对于各种不同的账务处理程序,其主要区别是登记明细分类账的依据不同。（   ）

9. 不论选择何种账务核算程序,单位都要按照规定来编制财务报表。（   ）

10. 汇总转账凭证按每一科目的借方分别设置,定期将汇总期内的全部转账凭证,按与该设置科目相对应的贷方科目归类汇总。（   ）

11. 不论采用哪种账务核算程序,都需要按照规定设置总分类账。（   ）

12. 不同账务处理程序的主要区别是登记总分类账的依据不同。（   ）

13. 汇总记账凭证核算程序适用于经济业务较少的单位。（   ）

14. 汇总转账凭证账务处理程序下,转账凭证应按照一借一贷或多借一贷的方式来编制。（   ）

15. 由于不同账务处理程序都有优点,因此一个单位可以根据需要同时采用不同的账务处理程序。（   ）

16. 不论哪种会计核算组织程序,在编制会计报表之前,都要进行对账工作。（   ）

17. 记账凭证账务处理程序的缺点是登记总账的工作量较大。（   ）

18. 依据记账凭证账务处理程序的特点,其一般适用于规模较小、业务量较少及记账凭证不多的单位。（   ）

19. 科目汇总表可以反映账户之间的对应关系,还能简化登记总账的工作量。（   ）

20. 在实际中,采用汇总记账凭证核算程序的单位,对于记账凭证的格式要选择专用记账凭证。（   ）

21. 汇总记账凭证账务处理程序下便于了解账户之间的对应关系。（   ）

22. 不论采用哪种账务处理程序,首先都要将原始凭证汇总于原始凭证汇总表。（   ）

23. 科目汇总表每日都要汇总编制。（   ）

24. 在科目汇总表核算程序下,既可以使用通用记账凭证,可以使用专用记账凭证。（   ）

25. 多栏式日记账会计核算形式适用于生产经营规模较小、收付款业务不多、使用会计科目不多的单位。（   ）

26. 不同会计核算程序的主要区别在于记账凭证的填制不同。（   ）

四、简答题

简述会计核算程序的种类以及科学组织会计核算程序的意义。

第三篇 综合测试

综合测试一

一、单项选择题

1. 明确会计工作空间范围的基本前提是（　　）。
   A. 会计主体　　　B. 持续经营　　　C. 会计分期　　　D. 货币计量
2. 下列费用中，不属于期间费用的是（　　）。
   A. 管理费用　　　B. 销售费用　　　C. 财务费用　　　D. 制造费用
3. 简单会计分录是指（　　）。
   A. 多借多贷的分录　　　　　　　B. 一借一贷的分录
   C. 一借多贷的分录　　　　　　　D. 多借一贷的分录
4. 下列账簿中，要求必须逐日结出余额的是（　　）。
   A. 现金日记账和银行存款日记账　　B. 总账
   C. 债权债务明细账　　　　　　　D. 财产物资明细账
5. 下列各项中，不能作为原始凭证的是（　　）。
   A. 工资计算表　　　　　　　　　B. 领料单
   C. 银行对账单　　　　　　　　　D. 增值税专用发票
6. 期初和期末余额均在借方的账户，一般属于（　　）。
   A. 资产类账户　　　　　　　　　B. 负债类账户
   C. 所有者权益类账户　　　　　　D. 收入类账户
7. 按照账户的用途和结构分类，"累计折旧"账户属于（　　）。
   A. 集合分配账户　　　　　　　　B. 成本计算账户
   C. 盘存账户　　　　　　　　　　D. 调整账户
8. 坏账损失是指（　　）。
   A. 营业外支出　　　　　　　　　B. 无法收回的应收款项
   C. 其他业务支出　　　　　　　　D. 无法支付的应付款项
9. 企业在财产清查中盘亏材料一批，经查属意外灾害损失，则批准后应转入（　　）。
   A. 营业外支出　　B. 管理费用　　C. 其他应收款　　D. 其他业务成本

10. 从银行提取现金应该编制的记账凭证是（　　）。
   A. 转账凭证　　　　　　　　　　B. 现金付款凭证
   C. 银行存款付款凭证　　　　　　D. 银行存款收款凭证
11. 企业以银行存款偿还短期借款，表现为（　　）。
   A. 一项资产减少，另一项负债减少　　B. 一项负债增加，另一项负债减少
   C. 一项资产增加，另一项负债增加　　D. 一项资产增加，另一项资产减少
12. 下列资产负债表项目中，应根据总账科目期末余额直接填列的是（　　）。
   A. 存货　　　　B. 货币资金　　　　C. 应收账款　　　　D. 短期借款
13. 下列报表中，属于静态报表的是（　　）。
   A. 利润表　　　　　　　　　　　B. 资产负债表
   C. 现金流量表　　　　　　　　　D. 所有者权益变动表
14. 按填制方法不同，"限额领料单"属于（　　）。
   A. 累计原始凭证　　　　　　　　B. 汇总原始凭证
   C. 一次原始凭证　　　　　　　　D. 转账凭证
15. 公司经理出差预借差旅费5 000元，公司记账凭证上的会计分录为"借：管理费用5 000；贷：库存现金5 000"，并据以登记入账。对于该项业务的处理（　　）。
   A. 有错误，用划线更正法改正　　B. 有错误，用补充登记法改正
   C. 有错误，用红字更正法改正　　D. 没有错误，不用改正

二、多项选择题

1. 会计的基本职能包括（　　）。
   A. 核算　　B. 监督　　C. 分析　　D. 预测　　E. 决策
2. 企业财务报表按编制单位的特点可分为（　　）。
   A. 个别会计报表　　　B. 合并会计报表　　　C. 单位会计报表
   D. 汇总会计报表　　　E. 对外会计报表
3. 我国会计法规体系，主要包括（　　）。
   A. 内部会计管理制度　　B. 会计法　　　　　　C. 企业会计准则
   D. 会计工作的组织方式　E. 会计制度
4. 下列各项中，属于外购材料采购成本的有（　　）。
   A. 材料买价　　　　　　B. 运输费　　　　　　C. 采购人员工资
   D. 运输途中合理损耗　　E. 入库前整理挑选费
5. 会计账簿按用途可分为（　　）。
   A. 序时账　　　　　　　B. 分类账　　　　　　C. 备查账
   D. 订本账　　　　　　　E. 活页账

三、判断题

1. 法人可以作为会计主体，但会计主体不一定是法人。（　　）
2. 如果试算平衡表借贷平衡，则可以肯定记账无错误。（　　）

3. 流动负债是指将在一年或超过一年的一个营业周期内偿还的债务。（ ）
4. 总分类账期末余额应与所属明细分类账户期末余额合计数相等。（ ）
5. "税金及附加"账户属于成本类账户。（ ）
6. 所有的总账账户都应设置明细科目，进行明细核算。（ ）
7. 原始凭证具有法律效力。（ ）
8. 净利润是指营业利润减去所得税后的金额。（ ）
9. 结账和更正错误的记账凭证可以不附原始凭证。（ ）
10. 资产负债表是反映企业某一特定日期财务状况的会计报表。（ ）

四、业务计算题

Y公司20××年12月发生下列业务：

（1）本月完工入库A产品2 000件，每件生产成本为200元；

（2）销售A产品一批，售价600 000元，成本为300 000元，增值税税率13%，款项待收；

（3）用银行存款支付广告费40 000元；

（4）用银行存款支付本月行政管理部门的水电费21 000元；

（5）销售原材料一批，售价100 000元，成本为50 000元，增值税税率13%，款项已收；

（6）计提本月银行借款利息10 000元；

（7）31日，结转本月损益类账户，并计提企业所得税，税率为25%（假定无纳税调整事项）；

（8）31日，将"本年利润"账户余额转入"利润分配——未分配利润"账户；

（9）按当年税后利润的10%计提法定盈余公积。

要求：编制本月业务的会计分录。

综合测试二

一、单项选择题

1. 资产、负债及所有者权益之间的数量关系称为（　　）。
   A. 借贷关系　　　B. 会计等式　　　C. 记账规则　　　D. 试算平衡
2. 下列经济业务中，会引起一项负债减少，另一项负债增加的是（　　）。
   A. 用银行存款购买材料　　　　　　B. 以银行存款归还银行借款
   C. 向银行借款偿还应付账款　　　　D. 将银行借款存入银行
3. 下列账户中，属于集合分配账户的是（　　）。
   A. 管理费用　　　B. 制造费用　　　C. 销售费用　　　D. 长期待摊费用
4. 下列各项中，属于流动负债的是（　　）。
   A. 长期借款　　　B. 预付账款　　　C. 预收账款　　　D. 其他应收款
5. 下列不能用作原始凭证的是（　　）。
   A. 增值税普通发票　　　　　　　　B. 固定资产盘存单
   C. 库存现金盘点报告表　　　　　　D. 银行存款余额调节表
6. 资产总额减负债总额后的余额称为（　　）。
   A. 收入　　　　　B. 利润　　　　　C. 费用　　　　　D. 净资产
7. 在实地盘存制下，甲材料期初结存成本为 2 000 元，本期购进材料成本为 5 000 元，期末盘存材料成本为 4 000 元，本期发出材料成本为（　　）元。
   A. 2 000　　　　 B. 3 000　　　　 C. 4 000　　　　 D. 6 000
8. 下列账户中，属于损益类账户的是（　　）。
   A. 本年利润　　　B. 所得税费用　　C. 利润分配　　　D. 制造费用
9. 按填制手续不同，"发出材料汇总表"属于（　　）。
   A. 记账编制凭证　B. 汇总凭证　　　C. 累计凭证　　　D. 一次凭证
10. 会计科目是（　　）。
    A. 会计要素的名称　　　　　　　　B. 会计报表的项目
    C. 会计档案的名称　　　　　　　　D. 会计账户的名称
11. 结账前，发现账簿记录的金额错误，而记账凭证无误，应采用（　　）。
    A. 划线更正法　　B. 补充登记法　　C. 红字更正法　　D. 核对账单法
12. 由于自然灾害造成的流动资产损失应借记的账户是（　　）。
    A. 管理费用　　　B. 其他应收款　　C. 营业外支出　　D. 生产成本
13. 我国《企业会计制度》规定，利润表的结构采用（　　）。
    A. 单步式　　　　B. 多步式　　　　C. 账户式　　　　D. 报告式

14. 所有者权益类账户的结构是（　　）。
A. 借方登记增加额，余额在贷方　　B. 贷方登记增加额，余额在贷方
C. 借方登记增加额，余额在借方　　D. 贷方登记增加额，余额在借方
15. 在我国会计法规制度体系中，属于最高层次地位的是（　　）。
A. 会计法　　　　　　　　　　　　B. 企业会计准则
C. 企业财务通则　　　　　　　　　D. 企业会计制度

二、多项选择题

1. 下列经济业务中，引起资产项目此增彼减的有（　　）。
A. 从银行提取现金　　　　　　　　B. 以银行存款购买材料
C. 收回应收账款存入银行　　　　　D. 以银行存款购买设备
E. 以银行存款偿还前欠货款
2. 下列项目中，属于会计核算专门方法的有（　　）。
A. 财产清查　　　B. 成本计算　　　C. 填制和审核凭证
D. 登记账簿　　　E. 设置会计科目和账户
3. 原始凭证必须具备的基本内容有（　　）。
A. 凭证的名称　　B. 填制凭证的日期　　C. 接受凭证的单位名称
D. 单位会计主管人员的签字盖章
E. 经济业务的内容
4. 下列账户按经济内容分类，属于负债类账户的有（　　）。
A. 应付账款　　　B. 预付账款　　　C. 预收账款
D. 短期借款　　　E. 长期应付款
5. 下列各项中，应直接计入当期损益的有（　　）。
A. 制造费用　　　B. 管理费用　　　C. 营业外收入
D. 财务费用　　　E. 主营业务收入

三、判断题

1. 我国《会计法》规定，所有企业必须设置总会计师。（　　）
2. 账户与会计科目两者的含义是一致的，两者没有什么区别。（　　）
3. 非流动负债是指偿还期在一年以上或者超过一年的一个营业周期以上的负债。
（　　）
4. 总分类账期末余额与其所属明细分类账户期末余额合计数不一定相等。（　　）
5. 登记账簿时，发生的空行、空页一定要补充登记，不得注销。（　　）
6. 财产物资的盘盈数记入"待处理财产损溢"账户的借方。（　　）
7. 向股东支付已宣告分派的现金股利，会引起所有者权益减少。（　　）
8. 财产清查中的盘盈盘亏，在没有查清原因以前暂不入账。（　　）
9. 现金日记账和银行存款日记账一般采用订本账。（　　）
10. 利润表是反映企业一定会计期间经营成果的会计报表。（　　）

四、业务计算题

M公司为生产加工企业，主要生产加工甲产品和乙产品。20××年12月发生部分经济业务如下：

（1）从仓库领用材料35 000元，其中，生产甲产品领用材料18 000元，生产乙产品领用材料17 000元。

（2）结算本月应付生产工人工资15 000元，其中，甲产品生产工人工资本9 000元，乙产品生产工人工资6 000元。

（3）按应付工资的14%提取职工福利费。

（4）本期发生制造费用8 000元，按甲、乙产品生产工人工资比例分配。

（5）本月生产甲产品200台、乙产品100台全部完工入库，结转其实际生产成本。

（6）本期销售甲产品一批，价格37 800元，增值税税率为13%，价税款已收到，存入银行。

（7）结转本期已销售甲产品的实际生产成本29 754元。

（8）有代理商逾期未还包装物，没收其押金5 000元。

（9）用银行存款支付违约罚金3 400元。

（10）用银行存款支付销售广告费800元。

（11）以银行存款支付财务费用（银行借款利息）400元。

（12）经批准，将盘亏原材料600元转作管理费用。

（13）计算本期应交所得税（所得税税率25%）。

（14）期末，将本期发生的主营业务收入、营业外收入结转至本年利润账户。

（15）期末，将本期发生的主营业务成本、期间费用、营业外支出、所得税费用等结转至本年利润账户。

（16）期末，结转本期实现的净利润。

要求：根据M公司的上述经济业务编制会计分录。

综合测试三

一、单项选择题

1. 记账以后发现凭证和账簿所记金额大于正确金额，但会计科目没有错误，应采用（   ）进行更正。
   A. 划线更正法　　　B. 红字更正法　　　C. 补充登记法　　　D. 转账更正法

2. 下列账户中，不属于损益类账户的是（   ）。
   A. 管理费用　　　　B. 所得税费用　　　C. 财务费用　　　　D. 制造费用

3. （   ）借方登记增加额。
   A. 资产类账户　　　　　　　　　　　　B. 负债类账户
   C. 所有者权益类账户　　　　　　　　　D. 收入类账户

4. 会计上被称为基本会计等式的是（   ）。
   A. 利润＝收入－费用
   B. 资产＝负债＋所有者权益
   C. 资产＝负债＋所有者权益＋收入－费用
   D. 利润＝收入－成本

5. 某企业本月预收货款20 000元；出售产品70 000元，其中30 000元已收到现金。若采用收付实现制，该企业本月应确认收入（   ）元。
   A. 20 000　　　　　B. 30 000　　　　　C. 50 000　　　　　D. 70 000

6. 下列经济业务中，能直接引起资产负债表和利润表项目同时发生变动的是（   ）。
   A. 计提短期借款利息　　　　　　　　　B. 购进材料货款未付
   C. 计提生产设备折旧　　　　　　　　　D. 预收货款存入银行

7. 下列各项中，属于定期财产清查的是（   ）。
   A. 遭受火灾损失　　　　　　　　　　　B. 单位撤销评估
   C. 更换保管员盘点物资　　　　　　　　D. 现金日清月结

8. 某企业12月1日所有者权益为1 000万元，12月实现净利润200万元，提取盈余公积20万元，向投资者分配利润50万元。该企业12月31日所有者权益为（   ）万元。
   A. 1 130　　　　　　B. 1 150　　　　　C. 1 200　　　　　　D. 1 220

9. 按填制方法不同，"限额领料单"属于（   ）
   A. 累计原始凭证　　B. 汇总原始凭证　　C. 一次原始凭证　　D. 转账凭证

10. 某商品期初余额40 000元，本期增加额20 000元，本期减少额48 000元。若采用永续盘存制，该商品的期末余额是（   ）元。
    A. 12 000　　　　　B. 20 000　　　　　C. 40 000　　　　　D. 60 000

11. 现金日记账和银行存款日记账适用的外表形式是（　　）。
   A. 订本式账簿　　　　　　　　　　B. 活页式账簿
   C. 卡片式账簿　　　　　　　　　　D. 活页式账簿或卡片式账簿

12. 资产负债表中，资产项目的顺序是按照（　　）排列的。
   A. 重要性　　B. 流动性　　C. 有用性　　D. 随意性

13. 通过账户的对应关系可以（　　）。
   A. 对经济业务进行分类　　　　　　B. 了解经济业务的内容
   C. 编制会计报表　　　　　　　　　D. 登记会计账簿

14. 某企业3月末的资产总额为2 000 000元，4月发生下列业务：①取得短期借款50 000元存入银行；②收回应收账款20 000元存入银行；③用银行存款偿还前欠货款20 000元。该企业4月末的资产总额应为（　　）元。
   A. 2 030 000　　B. 2 050 000　　C. 2 070 000　　D. 2 090 000

15. 企业结账的时间应是（　　）。
   A. 账项调整之前　　　　　　　　　B. 核对账簿记录之前
   C. 财务报表编制之后　　　　　　　D. 各个会计期末

二、多项选择题

1. 我国会计法规体系，主要包括（　　）三个层次。
   A. 会计机构设置　　B. 会计法　　C. 会计准则
   D. 会计工作的组织方式　　E. 会计制度

2. 借贷记账法下，账户贷方登记的内容有（　　）。
   A. 资产增加额　　B. 负债增加额　　C. 所有者权益增加额
   D. 收入增加额　　E. 费用增加额

3. 下列经济业务中，会引起基本会计等式两边同时发生变动的有（　　）。
   A. 赊购原材料　　B. 提取盈余公积　　C. 从银行提取现金
   D. 借钱还债　　E. 用银行存款偿还前欠货款

4. 会计账簿按外表形式分类，可分为（　　）。
   A. 订本式账簿　　B. 序时账簿　　C. 活页式账簿
   D. 分类账簿　　E. 卡片式账簿

5. 按照收付实现制原则，下列各项中应计入本期收入的有（　　）。
   A. 本期预收货款　　B. 收到前欠销货款　　C. 本期现销收入
   D. 本期赊销货物　　E. 本期预付货款

三、判断题

1. 销售业务，只有在收取货款后，才能确认为销售收入实现。（　　）
2. 凡是余额在借方的都是资产类账户。（　　）
3. 生产车间领用的原材料用于产品生产的应记入"生产成本"账户的借方。（　　）
4. 现金流量表的编制基础为收付实现制。（　　）

5. 由过失人或保险公司赔偿的财产损失，经批准后转入"其他应收款"账户。（   ）
6. 企业本期应交所得税等于营业利润乘以适用税率。（   ）
7. 银行存款余额调节表是调节账面余额的原始凭证。（   ）
8. 明细账必须逐日逐笔登记，总账必须定期汇总登记。（   ）
9. 对于长期收不回来的应收账款，应按规定的程序予以核销，冲减应收账款。（   ）
10. 利润表的编制基础为权责发生制。（   ）

四、业务计算题

大兴公司20××年4月各总分类账户发生额及余额部分数据如下表所示。

总分类账户发生额及余额试算平衡表

单位：元

账户名称	期初余额 借方	期初余额 贷方	本期发生额 借方	本期发生额 贷方	期末余额 借方	期末余额 贷方
库存现金	2 000		20 000	（ ）	20 000	
银行存款	（ ）		1 500 000	230 000	1 470 000	
原材料	10 000		12 000		（ ）	
短期借款		92 000	204 000	504 000		（ ）
实收资本		（ ）		1 000 000		1 120 000
合计	（ ）	（ ）	1 736 000	（ ）	（ ）	（ ）

要求：根据上表资料，补充填写括号内的数据，完成试算平衡表。

综合测试四

一、单项选择题

1. （　　）是对会计对象的分类。
   A. 会计要素　　　B. 会计科目　　　C. 会计基础　　　D. 会计方法

2. 经济业务发生仅涉及所有者权益要素时，则必然引起该要素中某些项目发生（　　）。
   A. 同增变动　　　B. 同减变动　　　C. 一增一减变动　　　D. 不变动

3. 某公司公开发行普通股 100 万股，每股面值 1 元，发行价格为 6 元。不考虑其他，该公司发行股票应计入资本公积的金额为（　　）万元。
   A. 500　　　B. 600　　　C. 300　　　D. 100

4. 会计所使用的主要计量尺度是（　　）。
   A. 实物量度
   B. 劳动量度
   C. 货币量度
   D. 实物量度和货币量度

5. 账户的贷方反映的是（　　）。
   A. 收入的增加
   B. 所有者权益的减少
   C. 费用的增加
   D. 负债的减少

6. 下列引起资产和负债同时增加的经济业务是（　　）。
   A. 从银行提取现金
   B. 赊购材料一批
   C. 用银行存款购买材料一批
   D. 通过银行收到应收账款

7. 下列属于企业的流动资产的是（　　）。
   A. 预收账款　　　B. 存货　　　C. 机器设备　　　D. 专利权

8. 一个企业的资产总额与负债和所有者权益总额之和（　　）。
   A. 有时相等
   B. 必然相等
   C. 不会相等
   D. 只有在期末时相等

9. 下列经济业务发生，同时使企业内部一项资产增加，另一项资产项目减少的是（　　）。
   A. 行政管理部门领用材料
   B. 以现金发放工资
   C. 以资本公积转增资本金
   D. 收到购货单位应付款，并存入银行

10. 某企业 20××年 10 月末负债总额 120 万元，11 月收回应收账款 20 万元，用银行存款归还借款 15 万元，11 月末负债总额为（　　）万元。
    A. 105　　　B. 111　　　C. 115　　　D. 121

11. 下述各项目中，应记入"销售费用"账户的是（　　）。
    A. 为销售产品而发生的广告费
    B. 销售产品的价款

— 108 —

C. 已销产品的生产成本　　　　　　D. 销售产品所收取的税款

12. 下列各项目中，应记入"制造费用"账户的是（　　）。

A. 生产某产品耗用的直接材料　　　B. 车间机器设备的折旧费

C. 生产工人的工资　　　　　　　　D. 行政管理人员的工资

13. 账户按用途和结构分类时，"累计折旧"账户属于（　　）。

A. 备抵附加调整账户　　　　　　　B. 备抵调整账户

C. 资产账户　　　　　　　　　　　D. 跨期摊提账户

14. 从银行提取现金 500 元，应编制（　　）。

A. 银行存款的收款凭证　　　　　　B. 现金的付款凭证

C. 现金的收款凭证　　　　　　　　D. 银行存款的付款凭证

15. 对于那些既要进行总分类核算又要进行明细分类核算的经济业务发生后，在总分类账户和其所属的明细分类账户的登记必须采用（　　）。

A. 补充登记　　　B. 平行登记　　　C. 试算平衡　　　D. 复式记账

二、多项选择题

1. 下列各项中，记入税金及附加的有（　　）。

A. 增值税　　　B. 所得税　　　C. 教育费附加　　　D. 城市维护建设税

2. 下列有关费用类账户的说法中，正确的有（　　）。

A. 贷增借减　　　　　　　　　　　B. 借增贷减

C. 期末结账后余额为零　　　　　　D. 期末余额一般在借方

3. 下列说法正确的有（　　）。

A. 会计科目仅仅只是名字

B. 会计账户具有格式和结构

C. 账户能够反映各会计要素的增减变动情况及结果

D. 会计科目是账户的名称，也是设置账户的依据

4. 财产物资的盘存制度有（　　）。

A. 权责发生制　　　　　　　　　　B. 实地盘存制

C. 收付实现制　　　　　　　　　　D. 永续盘存制

5. 下列属于长期负债项目的有（　　）。

A. 长期应付款　　B. 长期借款　　C. 其他应付款　　D. 应付债券

三、判断题

1. 原材料盘盈应计入营业外收入。　　　　　　　　　　　　　　　（　　）

2. 存货采购过程中发生的合理损耗应计入存货成本，所以存货采购的总成本和单位成本均不发生变化。　　　　　　　　　　　　　　　　　　　　　　（　　）

3. 利得不影响营业利润，也不影响利润总额。　　　　　　　　　　（　　）

4. 预收账款属于资产要素。　　　　　　　　　　　　　　　　　　（　　）

5. 企业职工工资和福利费应计入产品生产成本。　　　　　　　　　（　　）

6. 会计以货币计量作为基本计量形式。（   ）

7. 企业出售商品一批，售价5 000元，收到面值5 000元的银行承兑汇票一张。这笔业务应编制的记账凭证为收款凭证。（   ）

8. 期末，企业将"主营业务成本"发生额转入"本年利润"账户后，"主营业务成本"账户无余额。（   ）

9. 财务报表是由企业根据审核无误的会计凭证编制的。（   ）

10. 利润表中"营业收入"项目，应根据"主营业务收入"和"其他业务收入"账户的发生额计算填列。（   ）

四、业务计算题

假设朝阳公司的一个生产车间，生产甲、乙两种产品，耗用A、B两种材料，该公司11月发生如下经济业务：

（1）11月10日，该公司为了生产甲产品耗用A材料800千克，为了生产乙产品，耗用B材料1 000千克；其中A材料单价200元/千克，B材料单价100元/千克。

（2）11月12日，生产车间一般性消耗B材料400千克。

（3）11月30日，用银行存款支付本月生产车间水电费2 000元。

（4）11月30日，结算本月职工薪酬，其中，甲产品和乙产品的生产工人职工薪酬分别为80 000元和120 000元，车间管理人员职工薪酬为40 000元。

（5）计提本月生产车间固定资产折旧60 000元。

（6）11月30日，归集和分配制造费用，按甲、乙产品制造工时比例分配制造费用，甲产品为8 000工时，乙产品为12 000工时。

（7）至11月30日，本月完工甲产品2 000件、乙产品4 000件，期初无在产品。

要求：

（1）根据上述经济业务，编制会计分录。

（2）计算甲、乙两种产品的总成本和单位成本（见下表）。

总成本和单位成本计算

产品名称	本期费用（元）			总成本（元）	数量（件）	单位成本（元/件）
	直接材料	直接人工	制造费用			
甲产品						
乙产品						

综合测试五

一、单项选择题

1. 20××年6月某企业发生如下经济业务：确认行政管理人员薪酬60万元，车间管理人员薪酬10万元，支付广告费30万元，违约金5万元。不考虑其他因素，该企业6月对营业利润的影响为（　　）万元。
   A. -70　　　　　B. -90　　　　　C. -100　　　　　D. -105

2. 通过"累计折旧"账户对"固定资产"账户进行调整，反映固定资产的（　　）。
   A. 原始价值　　B. 折旧额　　C. 净值　　D. 增加价值

3. 某公司公开发行普通股100万股，每股面值1元，发行价格为6元，按发行收入2%向证券公司支付佣金，从发行收入中扣除，收到的款项已存入银行。不考虑其他，该公司发行股票应计入资本公积的金额为（　　）万元。
   A. 500　　　　　B. 490　　　　　C. 488　　　　　D. 100

4. 在下列所有者权益账户中，反映所有者原始投资的账户是（　　）。
   A. "实收资本"账户　　　　　B. "盈余公积"账户
   C. "本年利润"账户　　　　　D. "利润分配"账户

5. 根据我国会计准则的规定，企业在对会计要素进行计量时，一般采用（　　）；采用其他计量属性的，应当保证所确定的会计要素的金额能够持续取得并可靠计量。
   A. 公允价值　　B. 重置成本　　C. 历史成本　　D. 现值

6. 某公司本年实收资本增加90万元，其中资本公积转增资本60万元，接受原材料投资10万元，专利投资20万元，不考虑其他事项，则期末所有者权益（　　）万元。
   A. 增加90　　B. 增加30　　C. 增加60　　D. 减少60

7. 某企业"原材料"账户月初借方余额为260 000元，本月借方发生额为200 000元，月末借方余额为120 000元。则其本月贷方发生额为（　　）元。
   A. 340 000　　B. 460 000　　C. 140 000　　D. 180 000

8. 下列各项中，应记入营业外支出的是（　　）。
   A. 计量差错引起的原材料盘亏　　B. 自然灾害造成的原材料毁损
   C. 原材料运输途中发生的合理损耗　　D. 生产产品领用原材料

9. 财产清查按照（　　）的不同，可以分为全面清查和局部清查。
   A. 清查的时间　　　　　B. 清查的范围
   C. 清查的内容　　　　　D 清查的地点

10. 企业各期采用的会计政策应保持一致，不得随意变更，体现（　　）会计信息质量要求。

— 111 —

A. 可比性　　　　　B. 可靠性　　　　　C. 明晰性　　　　　D. 相关性

11. 当一笔经济业务只涉及资产项目之间的金额增减变化，会计等式两边的金额（　　）。

A. 同增　　　　　　　　　　　　　B. 同减
C. 不增不减　　　　　　　　　　　D. 一方增加，一方减少

12. 在借贷记账法下，"主营业务收入"账户的期末余额（　　）。

A. 肯定为零　　　　　　　　　　　B. 肯定在借方
C. 只能在贷方　　　　　　　　　　D. 既可能在借方也可能在贷

13. 会计人员在结账前发现，记账凭证误将金额200元记成2 000元并登记入账，应采用（　　）进行更正。

A. 补充登记法　　B. 划线更正法　　C. 红字更正法　　D. 蓝字登记法

14. 将现金存入银行，应编制（　　）。

A. 转账凭证　　　B. 收款凭证　　　C. 付款凭证　　　D. 汇总凭证

15. 某企业资产总额80万元，假设发生以下经济业务：①收到外单位投资8万元，存入银行；②用银行存款支付企业的应付账款2万元；③收到到期兑现的商业汇票1万元，并存入银行。则企业资产总额应该是（　　）万元。

A. 86　　　　　　B. 87　　　　　　C. 89　　　　　　D. 91

二、多项选择题

1. 下列选项中，符合权责发生制要求的有（　　）。

A. 企业销售货物，款项未收，确认收入
B. 企业计提固定资产折旧
C. 企业年末预付购货款，确认费用
D. 企业本月初支付员工上月工资，确认相关费用

2. 企业编制财务会计报告的主要目的，是为（　　）及社会公众等财务会计报告的使用者进行决策提供有用的信息。

A. 投资者　　　　　　　　　　　　B. 债权人
C. 政府及相关机构　　　　　　　　D. 企业管理者

3. 借贷记账法下，账户借方登记的内容有（　　）。

A. 资产增加额　　　B. 负债增加额　　　C. 资产减少额
D. 负债减少额　　　E. 费用增加额

4. 下列各项中，属于期间费用的有（　　）。

A. 生产车间使用机器的折旧费　　　B. 生产工人的工资
C. 行政办公设备的折旧费　　　　　D. 行政管理人员的工资
E. 销售产品的广告费

5. 购入的固定资产，其入账价值包括的内容有（　　）。

A. 买价　　　　　　　　　　　　　B. 安装费

C. 运杂费　　　　　　　　　　　　　D. 达到可使用状态前的必要支出

三、判断题

1. 收入的取得，会引起资产的减少，或引起负债的增加。　　　　　　（　）
2. 借贷记账法中账户的借方反映的是所有者权益的增加，成本费用的减少。　（　）
3. 按权责发生制原则的要求，本月收到上月的销售货款，应确认为本月的收入。
　　　　　　　　　　　　　　　　　　　　　　　　　　　　　　　（　）
4. 企业库存原材料因意外灾害造成毁损，经批准作为非常损失处理，应记入制造费用的借方。　　　　　　　　　　　　　　　　　　　　　　　　　　　　（　）
5. 企业应当根据所处环境的实际情况，从项目性质和金额大小两个方面判断会计信息的重要性。　　　　　　　　　　　　　　　　　　　　　　　　　　　　（　）
6. "资产＝负债＋所有者权益"这个平衡公式是企业资金运动的动态表现。（　）
7. 企业试算平衡表中全部账户本期借方发生额合计等于全部账户本期贷方发生额合计，表明该企业本期记账正确。　　　　　　　　　　　　　　　　　　　　（　）
8. 如果投资者投入的资本超过其在注册资本中所占的份额部分，应当将超过部分计入营业外收入。　　　　　　　　　　　　　　　　　　　　　　　　　　　（　）
9. 企业宣告分配现金股利，使所有者权益减少，负债增加。　　　　　（　）
10. 根据权责发生制，凡是相关款项已经收付，就应当作为当期的收入或费用计入利润表。　　　　　　　　　　　　　　　　　　　　　　　　　　　　　　（　）

四、业务计算题

宏达股份公司20××年10月发生下列业务：

（1）从银行取得长期借款600 000元存入银行。
（2）接受投资人投入的设备一台，价值80 000元，投入使用。
（3）收回某单位所欠的货款10 000元，存入银行。
（4）用银行存款2 400元支付本月管理部门的房租。
（5）企业销售A产品，总价款282 500元（含增值税），增值税税率13%，已收款；所售A产品的成本为138 000元。
（6）购买甲材料38 000元，增值税进项税为4 940元，材料已验收入库，款项已支付。
（7）生产A产品领用甲材料3 600元，乙材料2 400元。
（8）车间领用甲材料5 000元用于B产品的生产。
（9）车间一般性消耗甲材料2 000元。
（10）从银行存款提取现金30 000元，用于发放工资。
（11）根据本月"工资核算汇总表"，本月应发工资总额为30 000元。其中A产品工人工资12 000元，B产品工人工资10 000元，车间管理人员工资8 000元。
（12）用现金30 000元发放上述工资。
（13）开出现金支票购买车间办公用品780元。
（14）提取本月折旧，其中车间8 100元，管理部门3 200元。

（15）用银行存款支付本月财务费用（银行借款利息）980 元。

（16）用银行存款 1 000 元支付 A 产品的广告费。

（17）企业销售 B 产品价款为 50 000 元，增值税税率为 13%，款项未收，成本为 35 000 元。

（18）计算本月发生的制造费用，按生产工人工资分配计入 A、B 产品成本中。

（19）本月 A 产品 15 台已全部完工验收入库。

（20）用银行存款 5 400 元支付罚款支出。

（21）用现金 4 300 元支付行政管理办公费。

（22）将本月的损益账户转入"本年利润"账户，按 25% 计提所得税费用。

要求：编制本月业务的会计分录。

综合测试六

一、单项选择题

1. 下列各项中,属于会计的基本职能的是（　　）。
   A. 预测　　　　　　B. 控制　　　　　　C. 核算　　　　　　D. 评价

2. 下列内容不属于记账凭证审核的是（　　）。
   A. 凭证是否符合有关的计划和预算
   B. 会计科目使用是否正确
   C. 凭证的内容与所附凭证的内容是否一致
   D. 凭证的金额与所附凭证的金额是一致

3. 某公司为增值税一般纳税企业,20××年6月购入原材料200千克,增值税专用发票注明价款800万元,增值税税额104万元,包装费3万元,途中保险费用2万元。原材料运抵企业后,验收入库原材料为198千克,运输途中发生合理损耗2千克。不考虑其他因素,则该批原材料单价为（　　）万元。
   A. 4.07　　　　　　B. 4.03　　　　　　C. 4.55　　　　　　D. 4.59

4. 下列记账凭证中可以不附原始凭证的是（　　）。
   A. 所有收款凭证　　　　　　　　　B. 所有付款凭证
   C. 所有转账凭证　　　　　　　　　D. 用于结账的记账凭证

5. 某负债类账户的本期期初余额为6 000元,期末余额为7 500元,本期借方发生额为2 000元,则贷方发生额为（　　）元。
   A. 500　　　　　　B. 1 500　　　　　　C. 3 500　　　　　　D. 4 000

6. 转销企业无法支付的应付账款,应贷记的科目是（　　）。
   A. 信用减值损失　　　　　　　　　B. 其他综合收益
   C. 资产减值损失　　　　　　　　　D. 营业外收入

7. 编制年度财务报表时,需要对财产物资进行的清查属于（　　）。
   A. 全面定期清查　　　　　　　　　B. 局部定期清查
   C. 局部不定期清查　　　　　　　　D. 全面不定期清查

8. 20××年9月20日采用赊销方式销售产品50 000元,12月25日收到货款存入银行。按收付实现制核算时,该项收入应属于（　　）。
   A. 20××年9月　　B. 20××年10月　　C. 20××年11月　　D. 20××年12月

9. 反映企业某段时间所有者权益项目变动的财务报表是（　　）。
   A. 产品成本计算表　　　　　　　　B. 利润表
   C. 资产负债表　　　　　　　　　　D. 所有者权益变动表

10. 如果记账凭证中会计科目及应记方向无误，但将 2 700 元误写为 700 元，并且已经登记入账，则应采用的错账更正方法是（　　）。
   A. 划线更正法　　　B. 红字更正法　　　C. 补充登记法　　　D. 更换账页法
11. 通过"累计折旧"账户对"固定资产"账户进行调整，反映固定资产的（　　）。
   A. 原始价值　　　B. 净值　　　C. 折旧额　　　D. 增加价值
12. 债权债务明细分类账的格式一般采用（　　）。
   A. 多栏式　　　B. 平行式　　　C. 三栏式账簿　　　D. 数量金额式
13. 以银行存款归还银行借款的业务，应编制（　　）。
   A. 转账凭证　　　B. 收款凭证　　　C. 付款凭证　　　D. 计算凭证
14. 总分类账簿应采用（　　）外表形式。
   A. 订本式　　　B. 卡片式　　　C. 活页式　　　D. 备查式
15. 会计人员在结账时发现，在根据记账凭证登记入账时，误将 600 元记成 6 000 元，而记账凭证无误，应采用（　　）。
   A. 补充登记法　　　B. 划线更正法　　　C. 红字更正法　　　D. 蓝字登记法

二、多项选择题

1. 年终决算后，下列账户可能存在余额的有（　　）。
   A. 本年利润　　　　　B. 利润分配　　　　　C. 盈余公积
   D. 生产成本　　　　　E. 主营业务收入
2. 出纳人员可以登记和保管的账簿有（　　）。
   A. 应收账款总账　　　　　B. 银行存款日记账
   C. 原材料明细账　　　　　D. 库存现金日记账
3. 下列经济业务中，应填制转账凭证的有（　　）。
   A. 计提坏账准备　　　　　B. 产品完工入库
   C. 现金存入银行　　　　　D. 采购原材料，款项未付
4. 下列属于企业财务报告附注中应披露的内容有（　　）。
   A. 企业基本情况　　　　　B. 财务报表的编制基础
   C. 会计估计变更的说明　　　D. 遵循企业会计准则的声明
5. 下列各项中，企业期末应将其本期发生额结转至"本年利润"科目的有（　　）。
   A. 制造费用　　　B. 税金及附加　　　C. 管理费用　　　D. 销售费用

三、判断题

1. 应收账款、预收账款、其他应收款均为资产。（　　）
2. 记账凭证对于发生和完成的经济业务具有法律证明效力。（　　）
3. 车间购买办公用品 1 000 元，用银行存款支付，编制会计分录：借：管理费用 1 000；贷：银行存款 1 000。（　　）
4. 职工预借差旅费，会引起资产和负债同时减少。（　　）
5. 涉及现金和银行存款增减的业务编制收款凭证或付款凭证，不涉及现金和银行存款

的业务编制转账凭证。   （ ）
　　6. 企业溢价发行股票发生的相关手续费、佣金等交易费用，应计入财务费用。（ ）
　　7. 职工报销差旅费，会引起资产减少，费用增加。   （ ）
　　8. 在财产清查中，发现固定资产盘盈，应当作为"待处理财产损溢"。 （ ）
　　9. 利润表是根据损益类账户的期末余额填列的。   （ ）
　　10. 企业生产车间使用的固定资产在进行修理时发生的修理费用应计入管理费用。
                                                                    （ ）

四、业务计算题

N 公司 20××年 12 月发生下列业务：

（1）销售 A 商品一批，售价 880 000 元，800 000 元已收到并存入银行，增值税税率 13%，余款待收；所售 A 商品成本为 600 000 元。

（2）用银行存款支付广告费 28 000 元。

（3）用银行存款支付本月行政管理部门的报纸杂志费 30 200 元。

（4）一笔金额为 30 000 元的应付账款因故无法支付，经批准转销。

（5）销售不需要用原材料一批，售价 100 000 元，成本为 60 000 元，增值税税率 13%，款项已存银行存款。

（6）计提本月银行短期借款利息 2 000 元。

（7）用银行存款支付罚款 1 000 元。

（8）31 日，结转本月损益类账户，并计提企业所得税，税率为 25%（假定无纳税调整事项）。

（9）31 日，将"本年利润"账户余额转入"利润分配——未分配利润"账户。

（10）按当年税后利润的 10% 计提法定盈余公积。

（11）将"利润分配"账户其他明细账户的余额转入"利润分配——未分配利润"账中。

要求：编制本月业务的会计分录。

综合测试七

一、单项选择题

1. 以下项目中，会影响营业利润计算的是（　　）。
   A. 长期待摊费用   B. 税金及附加
   C. 所得税费用   D. 营业外支出

2. 某公司为增值税一般纳税企业，20××年2月购入原材料200千克，收到的增值税专用发票注明价款1 000万元，增值税税额130万元；另发生运输费用9万元，包装费3万元，途中保险费用3万元。原材料运抵企业后，验收入库原材料为198千克，运输途中发生合理损耗2千克。不考虑其他因素，则该批原材料入账价值为（　　）万元。
   A. 1 145   B. 1 135   C. 1 015   D. 1 005

3. 反映企业在一定时期经营成果的会计报表是（　　）。
   A. 资产负债表   B. 利润表
   C. 所有者权益变动表   D. 现金流量表

4. 在借贷记账法下，"资本公积"账户的余额（　　）。
   A. 肯定为零   B. 肯定在借方
   C. 只能在贷方   D. 既可能在借方也可能在贷

5. 甲公司20××年发生以下部分业务：①出售一批商品，收入400万元（不含增值税），成本280万元；②生产领用原材料10万元；③发生广告费支出20万元；④收回B公司前欠货款60万元。不考虑其他因素，上述事项对甲公司20××年利润总额的影响金额是（　　）万元。
   A. 100   B. 30   C. 40   D. 110

6. 下列报表中，（　　）能够反映企业一定时点所拥有的资产、需要偿还的债务，以及投资者所拥有的权益的情况。
   A. 所有者权益变动表   B. 现金流量表
   C. 利润表   D. 资产负债表

7. 经济业务发生涉及资产和所有者权益要素时，则必然引起该要素中某些项目发生（　　）。
   A. 同增或同减变动   B. 一增一减变动
   C. 不变动   D. 以上都不对

8. 下列各项中，属于所有者权益要素内容的是（　　）。
   A. 待处理财产损溢   B. 未分配利润
   C. 累计折旧   D. 预收账款

9. 借贷记账法的基本理论依据是（　　）。

A. 借方发生额＝贷方发生额

B. 资产＋费用＝负债＋所有者权益＋收入

C. 资产＝负债＋所有者权益

D. 期初余额＋本期增加－本期减少＝期末余额

10. 企业销售商品、提供劳务缴纳的下列税费中，不可以记入"税金及附加"科目的是（　　）。

A. 城市维护建设税　　　　　　　　B. 消费税

C. 教育费附加　　　　　　　　　　D. 增值税

11. 通过账户的对应关系可以（　　）。

A. 对经济业务进行分类　　　　　　B. 了解经济业务的内容

C. 编制会计报表　　　　　　　　　D. 登记账簿

12. 下列错误中能够通过试算平衡查找的是（　　）。

A. 重记经济业务　　　　　　　　　B. 漏记经济业务

C. 借贷方向相反　　　　　　　　　D. 借贷金额不等

13. "应收账款"账户初期余额为5 000元，本期借方发生额为6 000元，贷方发生额为4 000元，则期末余额为（　　）。

A. 借方5 000元　　　　　　　　　B. 借方7 000元

C. 贷方3 000元　　　　　　　　　D. 贷方2 000元

14. 盈余公积金转增资本，会使留存收益（　　）。

A. 增加　　　　B. 减少　　　　C. 不变　　　　D. 不能确定

15. 下列会计分录中，属于简单会计分录的是（　　）的会计分录。

A. 一借一贷　　B. 一贷多借　　C. 一借多贷　　D. 多借多贷

二、多项选择题

1. 下列会计处理中，正确的有（　　）。

A. 由于管理不善造成的存货净损失记入管理费用

B. 自然灾害造成的存货净损失记入营业外支出

C. 购入存货运输途中发生的合理损耗应记入存货中

D. 存货运输途中的仓储费记入管理费用

2. 下列各项，应在资产负债表中的"货币资金"项目中列示的有（　　）。

A. 库存现金　　B. 银行存款　　C. 应收账款　　D. 生产成本

3. 下列各项中，应列入利润表"营业成本"项目的有（　　）。

A. 生产成本　　　　　　　　　　　B. 其他业务成本

C. 主营业务成本　　　　　　　　　D. 销售费用

4. 下列账户中属于备抵账户的有（　　）。

A. 资本公积　　　　　　　　　　　B. 累计折旧

C. 存货跌价准备　　　　　　　　　　D. 坏账准备

5. 可采用三栏式的账簿有（　　）。

A. 应收账款明细账　　　B. 销售费用明细账　　　C. 管理费用明细账

D. 应付账款明细账　　　E. 现金日记账

三、判断题

1. 资产负债表的"上年年末余额"栏内各项数字，应根据上年末资产负债表的"期末余额"栏内所列数字填列。　　　　　　　　　　　　　　　　　　　　　　　　（　　）

2. 债权人除了拿回本金和利息外，一般还可以参与企业的利润分配。　　（　　）

3. 留存收益包括资本公积、盈余公积、未分配利润。　　　　　　　　　（　　）

4. 负债既可以是企业承担的现时义务，也可是企业承担的潜在义务。　　（　　）

5. 调整账户是用来调整被调整账户余额，以求得被调整账户的实际余额而设置的账户。
　　　　　　　　　　　　　　　　　　　　　　　　　　　　　　　　　（　　）

6. 编制"银行存款余额调节表"以后，应当据以调整账簿记录。　　　　（　　）

7. 收入要素包括营业外收入。　　　　　　　　　　　　　　　　　　　（　　）

8. 罚款收入属于企业的其他业务收入。　　　　　　　　　　　　　　　（　　）

9. 及时性要求企业对已发生的交易或事项，应及时进行确认、计量和报告，不得提前或延迟。　　　　　　　　　　　　　　　　　　　　　　　　　　　　　　　　（　　）

10. 收回应收账款，会使企业资产总额增加。　　　　　　　　　　　　（　　）

四、业务计算题

甲公司20××年12月31日部分总账及明细账户资料如下表所示。

账户资料　　　　　　　　　　　　　　　　　　　　单位：元

账户名称	借方余额	贷方余额
库存现金	1 000	
银行存款	256 000	
其他货币资金	2 000	
应收账款——A公司	83 200	
坏账准备		3 200
原材料	18 000	
库存商品	29 000	
存货跌价准备		10 000
固定资产	100 000	
累计折旧		20 000

要求：根据上述资料，填列资产负债表中空白项目的金额。

资产负债表

编制单位：甲公司　　　　　　　　20××年12月31日　　　　　　　　金额：元

资产	期末数	负债和所有者权益	期末数
流动资产：		流动负债：	
货币资金	（　　）	短期借款	（　　）
应收账款	（　　）	应付账款	30 000
其他应收款	10 000	预收款项	30 000
预付款项	0	应付职工薪酬	10 000
存货	（　　）	流动负债合计	（　　）
其他流动资产	5 000	非流动负债：	
流动资产合计	（　　）	长期借款	100 000
非流动资产：		非流动负债合计	100 000
固定资产	（　　）	负债合计	（　　）
无形资产	29 000	所有者权益：	
非流动资产合计	（　　）	实收资本	200 000
		资本公积	10 000
		盈余公积	40 000
		未分配利润	30 000
		所有者权益合计	（　　）
资产总计	（　　）	负债和所有者权益总计	（　　）

综合测试八

一、单项选择题

1. 记账之后，发现记账凭证中的会计科目没错，但误将 7 600 元写为 6 600 元，造成账簿金额错误，应采用的错账更正方法是（　　）。

　　A. 划线更正法　　　　　　　　B. 红字更正法

　　C. 补充登记法　　　　　　　　D. 更换账页法

2. 会计报表编制的根据是（　　）。

　　A. 记账凭证　　　　　　　　　B. 汇总记账凭证

　　C. 科目汇总表　　　　　　　　D. 账簿

3. 企业在遭受自然灾害后，对其受损的财产物资进行的清查，属于（　　）。

　　A. 局部清查和定期清查　　　　B. 全面清查和定期清查

　　C. 局部清查和不定期清查　　　D. 全面清查和不定期清查

4. 甲公司为一般纳税人，于20××年12月3日购进一台不需要安装的生产设备，增值税专用发票上注明设备价款为300万元，增值税额为39万元，款项已支付；另支付保险费12万元，装卸费2万元。当日，该设备投入使用。不考虑其他，该设备的初始入账价值为（　　）万元。

　　A. 339　　　　B. 351　　　　C. 314　　　　D. 312

5. 下列各项中，不应记入管理费用的是（　　）。

　　A. 生产车间设备的维修费　　　B. 财务人员的工资

　　C. 生产车间设备的折旧费　　　D. 管理部门的设备折旧费

6. 明细分类账中，应采用数量金额式账簿的是（　　）。

　　A. 应收账款明细账　　　　　　B. 库存商品明细账

　　C. 应付账款　　　　　　　　　D. 管理费用明细账

7. 下列明细分类账，应采用多栏式账页格式的是（　　）。

　　A. 生产成本明细账　　　　　　B. 原材料明细账

　　C. 其他应收款明细账　　　　　D. 应收账款明细账

8. 某股份公司年初未分配200万元，当年实现净利润600万元，按10%计提法定盈余公积，宣告发放现金股利60万元。不考虑其他因素，该公司年末未分配利润余额为（　　）万元。

　　A. 680　　　　B. 720　　　　C. 740　　　　D. 800

9. 下列各项中，属于银行存款清查所采用的方法是（　　）。

　　A. 实地盘点法　　　　　　　　B. 技术推算

C. 和银行核对账目　　　　　　　　D. 和往来单位核对账目

10. 下列各项中，不属于会计基本假设的是（　　）。
    A. 会计分期　　B. 持续经营　　C. 货币计量　　D. 重要性

11. 在借贷记账法下，用"借方"和"贷方"在账户中登记资产和负债、所有者权益的增减数额，概括地说是（　　）。
    A. "借方"登记资产的增加和负债、所有者权益的减少；"贷方"反之
    B. "借方"登记资产和负债、所有者权益的增加；"贷方"反之
    C. "借方"登记资产和负债、所有者权益的减少；"贷方"反之
    D. "借方"登记资产的减少和负债、所有者权益的增加；"贷方"反之

12. 甲企业购进材料10吨，货款计100万元，增值税进项税为13万元，并以银行存款支付该材料的运杂费1万元。则该材料的采购成本为（　　）万元。
    A. 100　　B. 101　　C. 117　　D. 118

13. 企业收到投资者投入的全新设备一台，将使企业所有者权益中的（　　）增加。
    A. 固定资产　　B. 银行存款　　C. 实收资本　　D. 资本公积

14. 泰安公司生产甲、乙两种产品。甲、乙种产品本月期初无在产品，月末共发生制造费用4 500元。本月生产甲种产品的工人工资5 000元，生产乙种产品的工人工资4 000元。如果制造费用按生产工人工资比例分配，应计入甲种产品生产成本的制造费用为（　　）元。
    A. 4 500　　B. 2 000　　C. 2 500　　D. 3 000

15. 月末，环保公司生产的A种产品完工并验收入库，应借记的科目是（　　）。
    A. 制造费用　　B. 库存商品　　C. 生产成本　　D. 营业外收入

二、多项选择题

1. 下列项目中，属于会计核算的基本前提的有（　　）。
   A. 会计主体　　B. 持续经营　　C. 权责发生制　　D. 货币计量

2. 下列各项经济业务中，能引起会计等式左右两边会计要素均有所变动的有（　　）。
   A. 收到某单位前欠货款6万元存入银行
   B. 以银行存款偿还长期借款
   C. 收到某单位投入机器设备一台，价值60万元
   D. 以银行存款缴纳企业所得税

3. 下列各项中，应在资产负债表中的"存货"项目中列示的有（　　）。
   A. 原材料　　B. 固定资产　　C. 生产成本　　D. 库存商品

4. 下列单据中属于原始凭证的有（　　）。
   A. 借款单　　　　　　B. 发票　　　　　　C. 收料单
   D. 领料单　　　　　　E. 银行对账单

5. 下列各项属于静态会计要素的有（　　）。
   A. 资产　　　　　　　B. 收入　　　　　　C. 费用

D. 负债　　　　　　　　E. 所有者权益

三、判断题

1. 由于持续经营假设，产生了当期与以前期间、以后期间的差别，产生了权责发生制和收付实现制的区别。（　）

2. 公司生产车间使用的固定资产在进行修理时发生的修理费用应记入制造费用。（　）

3. 账户记录试算不平衡，说明记账肯定有差错。（　）

4. 资本公积是企业历年实现的利润中提取或形成的留存于企业的，来源于企业生产经营活动实现的利润。（　）

5. 在财产清查中，发现固定资产盘盈，应当作为当期损益。（　）

6. 会计账簿登记中，如果不慎发生隔页，应立即将空页撕掉，并更改页码。（　）

7. 期末结转后，"利润分配"科目除未分配利润明细科目外，其他明细科目应无余额。（　）

8. 账户的借方反映的是资产的增加、负债的减少、收入的增加、成本费用的减少。（　）

9. 对于现金和银行存款之间的收付款业务，一般只编收款凭证，不编付款凭证。（　）

10. 企业每项交易或事项的发生都必须从内部取得原始凭证。（　）

四、业务计算题

A 公司20××年4月30日银行存款日记账余额为162 000元，银行对账单上的余额为153 200元，经过逐笔核对发现有下列未达账项：

（1）委托银行代交本月水电费1 000元，银行已经记账，企业尚未记账。

（2）企业于4月30日收到其他单位转账支票一张计46 000元，银行尚未入账。

（3）委托银行代收的外埠货款20 200元，银行已经收到入账，但企业尚未收到收款通知。

（4）企业于4月30日开出转账支票2 800元，持票人尚未到银行办理转账取款手续。

（5）银行受运输机构委托代收运费800元，已经从银行存款中付出，但企业尚未记账。

（6）企业销售商品取得16 000元，银行已记入存款增加，企业尚未入账。

要求：编制"银行存款余额调节表"。

银行存款余额调节表

银行存款日记账余额		银行对账单余额	
加：企业未收银行已收		加：企业已收银行未收	
减：企业未付银行已付		减：企业已付银行未付	
调整后余额		调整后余额	

练习题参考答案

第一章练习题答案

一、单项选择题

1. A 2. B 3. C 4. D 5. A 6. D 7. D 8. B 9. D 10. A
11. B 12. D 13. A 14. C 15. A 16. D 17. C 18. A 19. A 20. B

二、多项选择题

1. AD 2. ACDE 3. AD 4. ABDE 5. BC
6. BCDE 7. BCD 8. ABCD 9. ABCD 10. ABCD

三、判断题

1. √ 2. √ 3. × 4. √ 5. √ 6. √ 7. × 8. × 9. √ 10. √
11. × 12. √ 13. × 14. √ 15. × 16. √ 17. × 18. √ 19. × 20. √

四、简答题

权责发生制要求以应计收入、应付费用的发生作为标准来确认本期收入和费用。凡是当期已经实现的收入或应承担的费用，不论款项是否已经收到或支付，都应该作为当期的收入或费用进行会计核算；反之即使已经收到或付出，都不应该作为本期的收入与费用。

收付实现制要求应以货币资金的实际收到、付出作为标准来确定本期的收入及费用。凡是当期已经实现的收入或应承担的费用，若款项没有收到或支付，都不应该作为当期的收入或费用进行会计核算；反之即使不属于本期实现的收入和费用，但在本期收到或付出，都应该作为本期的收入与费用。

五、业务处理题

权责发生制和收付实现制对比　　　　　　　　　　　　单位：元

经济业务	权责发生制 收入	权责发生制 费用	收付实现制 收入	收付实现制 费用
(1) 收到由甲公司支付的修理费2 000元，光明公司已在上月为其修理完工一批电器			2 000	
(2) 为乙公司修理电器一台，修理费2 500元已于上月收取	2 500			
(3) 为丙公司修理电器两台，修理费2 000元尚未收到	2 000			
(4) 收到由丁公司支付的修理费1 800元，预计在下月为其修理电器			1 800	
(5) 本月应付职工工资2 000元，尚未支付		2 000		
(6) 用现金支付本月日常杂费500元		500		500
利润		2 000		3 300

第二章练习题答案

一、单项选择题

1. D 2. A 3. B 4. A 5. A 6. C 7. C 8. C 9. A 10. D
11. B 12. C 13. B 14. B 15. B 16. A 17. B 18. B 19. D 20. C
21. C 22. D 23. A 24. D 25. B

二、多项选择题

1. BCDE 2. CDE 3. ACD 4. ABC 5. BCD 6. ACE 7. AD 8. BC
9. AC 10. AD 11. AB 12. ABD 13. ACD 14. ABD 15. AE
16. ABCD 17. AD 18. BCD

三、判断题

1. × 2. √ 3. × 4. × 5. √ 6. √ 7. √ 8. × 9. √ 10. ×
11. √ 12. × 13. × 14. √ 15. ×

四、简答题

1. 负债是指企业过去的交易或事项形成的、预期会导致经济利益流出企业的现时义务。它反映的是债权人对企业资产的全部要求权。

所有者权益是指企业资产扣除负债后由所有者享有的剩余权益。其金额为资产减去负债后的余额，即企业的净资产。所有者权益反映的是所有者对企业净资产的一种索取权。公司的所有者权益又称股东权益。

两者在对应对象、性质、偿还期限和享有的权利等方面有本质的区别。负债是企业所承担的经济责任，企业负有偿还的义务，而所有者权益除非发生减资、清算，一般情况下不需要归还投资者，企业清算时，只有在清偿所有的负债后，所有者权益才能返还给所有者。

2. 会计等式的表达式为"资产＝负债＋所有者权益"。该等式有如下含义：

（1）等式中资产和权益之间的平衡关系，反映了资产、负债和所有者权益三个要素之间的联系和基本数量关系，表明了会计主体在某一特定时点（静态）所拥有的各种资产，以及债权人和投资者对企业资产要求权的基本状况。

（2）等式中资产和权益之间的这种平衡关系，随着企业交易或事项的发生，会在数量上影响企业的资产、负债或所有者权益的增减变化，但始终不会破坏这一平衡关系。

（3）等式科学地反映了企业的产权关系和资金关系，它是复式记账、试算平衡和编制资产负债表等会计方法的理论依据。

五、业务处理题

(1)

经济业务的资金变化类型

类型	经济业务序号
1. 一项资产增加，另一项负债增加，增加金额相等	(1)（10）
2. 一项资产增加，另一项所有者权益增加，增加金额相等	(3)
3. 一项资产减少，另一项负债减少，减少金额相等	(4)
4. 一项资产减少，另一项所有者权益减少，减少金额相等	(7)
5. 一项资产增加，另一项资产减少，增减金额相等	(6)
6. 一项所有者权益增加，另一项所有者权益减少，增减金额相等	(5)
7. 一项负债增加，另一项负债减少，增减金额相等	(2)
8. 一项负债增加，另一项所有者权益减少，增减金额相等	(9)
9. 一项负债减少，另一项所有者权益增加，增减金额相等	(8)

(2)

公司的资产、负债和所有者权益变动　　　　　　　　　　　　　　单位：元

资产				负债和所有者权益			
项目	期初余额	增减额	期末余额	项目	期初余额	增减额	期末余额
库存现金	2 200	0	2 200	负债：			
银行存款	146 000	(3) +100 000 (4) -25 000 (6) +40 000 (7) -100 000 (10) +100 000 = 115 000	261 000	短期借款	71 100	(2) +50 000 (4) -25 000 (10) +100 000 = 125 000	196 100
应收账款	218 000	(6) -40 000	178 000	应付账款	1 238 600	(1) +20 000 (2) -50 000 = -30 000	1 208 600
原材料	2 000 000	(1) +20 000	2 020 000	应付股利	0	(9) +6 500	6 500
库存商品	2 100 000	0	2 100 000	长期借款	3 000 000	(8) -1 000 000	2 000 000
固定资产	6 656 000	0	6 656 000	负债合计	4 309 700		
				所有者权益：			
				实收资本	6 566 000	(3) +100 000 (5) +30 000 (7) -100 000 (8) +1 000 000 = 1 030 000	7 596 000
				盈余公积	146 500	(5) -30 000	116 500
				未分配利润	100 000	(9) -6 500	93 500
总计	11 122 200		11 217 200	总计	11 122 200		11 217 200

第三章练习题答案

一、单项选择题

1. C　2. A　3. D　4. C　5. B　6. C　7. C　8. C　9. A　10. C
11. B　12. A　13. A　14. A　15. A　16. D　17. C　18. B　19. D　20. C
21. B　22. D　23. A　24. B　25. A　26. C　27. A　28. C　29. A　30. D
31. B　32. C　33. A　34. C　35. A　36. D　37. A　38. D　39. B　40. A
41. A　42. C　43. B　44. B　45. A　46. D　47. B　48. C　49. B　50. B

二、多项选择题

1. ABCD　2. ABCD　3. ABCD　4. ABCD　5. ABC　6. ABC　7. ACD
8. BC　9. ABCE　10. AD　11. BD　12. AB　13. ABD　14. CD
15. BDE　16. ABD　17. BCD　18. AC　19. ABCD　20. ABD　21. ABCE
22. ABCDE　23. AE　24. ABCD　25. BCD　26. ABC　27. ACD　28. ABCD
29. BC　30. AD

三、判断题

1. ×　2. √　3. √　4. ×　5. ×　6. ×　7. ×　8. √　9. √　10. ×
11. √　12. ×　13. ×　14. ×　15. ×　16. ×　17. √　18. ×　19. ×　20. ×
21. ×　22. ×　23. ×　24. √　25. ×　26. ×　27. ×　28. √　29. √　30. ×
31. √　32. √　33. ×　34. ×　35. ×　36. ×　37. √　38. √　39. √　40. √

四、简答题

1. 会计科目是对会计要素按其经济内容的具体内容，进行分类核算的类目；会计账户是根据会计科目开设的，具有一定的结构，用来系统、连续记载各项经济业务的一种工具。

（1）联系：一方面，两者名称相同，会计科目是会计账户的名称，两者反映的经济内容是相同的；另一方面，会计科目是设置会计账户的依据，会计账户是会计科目的具体运用。

（2）区别：两者的结构不同。会计科目是对会计要素具体内容的分类，本身没有结构；会计账户有结构，反映资金具体运动状况。

2. （1）借贷记账法是以会计等式作为理论依据，以"借""贷"作为记账符号，按照"有借必有贷，借贷必相等"的记账规则，记录和反映经济业务引起会计要素增减变动情况的一种复式记账法。

（2）在该记账法下习惯规定账户左方为借方，右方为贷方。"借""贷"有双重含义，可表示增加，也可以表示减少。对资产和成本、费用类账户，借方登记增加额，贷方登记减少额；而对负债、所有者权益、收入类账户，借方登记减少数，贷方登记增加数。

3. （1）调整账户是用来调整被调整账户的余额，以求得被调整账户实际余额而设置的账户。

(2) 在会计核算中，由于管理上的需要，对于某些会计要素，要求用两种数字从不同的方面进行反映。在这种情况下就需要设置两个账户，一个用来反映其原始数字，另一个用来反映对原始数字的调整数字，将原始数字和调整数字相加或相减，即可求得调整后的实际数字。

4. (1) 试算平衡是指根据资产、负债和所有者权益之间的平衡关系，通过对所有账户的发生额或余额的汇总计算和比较，来检查各类账户记录是否正确的一种方法。

(2) 通过试算平衡，如果发现账户的余额或发生额不平衡，就可以肯定账户的记录或计算有错误；但账户的余额或发生额平衡并不能说明记账一定没有错误。因为当发生重记或漏记某些经济业务，或者将借贷记账科目记错、方向记反等错误情况时，并不影响借贷双方平衡，也就不能通过试算平衡发现错误。

5. (1) 会计对象是会计的客体，是企业核算、监督、预测和分析的具体内容，一般指社会再生产过程中的资金及其运动。

(2) 会计要素是指为了实现会计目标，对会计对象按其经济特征划分的大类，用于反映企业财务状况和经营成果的基本单位。会计对象可分为六大要素，即资产、负债、所有者权益、收入、费用和利润。

(3) 会计科目是将会计要素按照其经济特征所作的进一步分类项目。

综上所述，会计要素和会计科目是为实现会计的目标，将会计对象逐步细化的一系列概念。

五、业务处理题

1. (1) A = 2 000 + 30 000 − 18 000 = 14 000

(2) B = 290 000 − 16 000 + 36 000 = 310 000

(3) C = 15 000 + 14 000 − 16 000 = 13 000

(4) D = 200 000 + 80 000 − 0 = 280 000

(5) E = 45 000 + 10 000 − 50 000 = 5 000

(6) F = 24 000 + 25 000 − 40 000 = 9 000

2. A = <u>15 000</u>；B = <u>28 000</u>；C = <u>32 000</u>；D = <u>38 600</u>；E = <u>36 000</u>；F = <u>16 800</u>；G = <u>20 400</u>；H = <u>105 000</u>；I = <u>59 600</u>；J = <u>305 600</u>。

第四章练习题答案

一、单项选择题

1. C 2. D 3. C 4. C 5. C 6. B 7. A 8. D 9. B 10. B
11. D 12. A 13. C 14. B 15. B 16. A 17. A 18. B 19. D 20. D
21. C 22. B 23. A 24. D 25. A 26. A

二、多项选择题

1. ACDE 2. BCD 3. ACE 4. AC 5. ACDE 6. BDE 7. AC 8. BC

三、判断题

1. √ 2. √ 3. √ 4. × 5. √ 6. × 7. √ 8. √ 9. √ 10. ×
11. × 12. × 13. √ 14. √ 15. √ 16. × 17. × 18. × 19. √ 20. ×
21. √ 22. × 23. √ 24. × 25. × 26. √

四、业务处理题

1．（1）运杂费分配率＝720÷（1 600＋800）＝0.3（元/千克）

甲种材料应分配的运杂费用＝1 600×0.3＝480（元）

乙种材料应分配的运杂费用＝800×0.3＝240（元）

甲种材料的实际采购成本＝1 600×10＋480＝16 000＋480＝16 480（元）

乙种材料的实际采购成本＝800×16＋240＝12 800＋240＝13 040（元）

（2）①计划成本法（单位：元）。

借：材料采购——甲种材料   16 480
　　　　　　——乙种材料   13 040
　　应交税费——应交增值税（进项税额）   3 744
　　贷：银行存款   33 264

②实际成本法（单位：元）。

借：在途物资——甲种材料   16 480
　　　　　　——乙种材料   13 040
　　应交税费——应交增值税（进项税额）   3 744
　　贷：银行存款   33 264

（3）①计划成本法（提示：按照材料的计划成本验收入库）。

甲种材料的计划成本＝1 600×12＝19 200（元）

甲种材料计划成本与实际成本的差异＝（1 600×12）－（1 600×10＋480）

＝19 200－16 480

＝2 720（元）

乙种材料的计划成本 = 800 × 15 = 12 000（元）

乙种材料计划成本与实际成本的差异 = (800 × 15) – (800 × 16 + 240)

$$= 12\ 000 - 13\ 040$$

$$= -1\ 040（元）$$

甲种材料验收入库的会计分录：

借：原材料——甲种材料	19 200
贷：材料采购——甲种材料	16 480
材料成本差异——甲种材料	2 720

乙种材料验收入库的会计分录：

借：原材料——乙种材料	12 000
材料成本差异——乙种材料	1 040
贷：材料采购——乙种材料	13 040

②实际成本法（提示：按照材料实际成本验收入库）。

借：原材料——甲种材料	16 480
——乙种材料	13 040
贷：在途物资——甲种材料	16 480
——乙种材料	13 040

2.（1）本年应交所得税 = 600 000 × 25% = 150 000（元）

借：所得税费用	150 000
贷：应交税费——应交所得税	150 000
（2）借：利润分配——提取法定盈余公积	45 000
——提取任意盈余公积	22 500
贷：盈余公积——法定盈余公积	45 000
——任意盈余公积	22 500
（3）借：利润分配——应付股利	100 000
贷：应付股利	100 000

（4）本年末的未分配利润 = 600 000 – 150 000 – 45 000 – 22 500 – 100 000

$$= 282\ 500（元）$$

本年末所有者权益总额 = 2 000 000 + (45 000 + 22 500) + 282 500

$$= 2\ 350\ 000（元）$$

3.（1）会计分录。

①借：银行存款	80 000
贷：长期借款	80 000
②借：银行存款	32 996
贷：主营业务收入——A 产品	29 200
应交税费——应交增值税（销项税额）	3 796

③借：销售费用	1 350
贷：银行存款	1 350
④借：财务费用	1 200
贷：银行存款	1 200
⑤借：主营业务成本——A产品	12 476
贷：库存商品——A产品	12 476
⑥借：税金及附加	1 710
贷：应交税费——应交城市维护建设税	1 710
⑦借：库存现金	2 800
贷：营业外收入	2 800
⑧借：营业外支出	260
贷：库存现金	260
⑨借：主营业务收入——A产品	29 200
营业外收入	2 800
贷：本年利润	32 000
⑩借：本年利润	24 596
贷：主营业务成本——A产品	12 476
税金及附加	1 710
销售费用	1 350
管理费用	7 600
财务费用	1 200
营业外支出	260

（2）本月应交所得税 =（32 000 - 24 596）×25% = 1 851（元）

（3）借：所得税费用	1 851
贷：应交税费——应交所得税	1 851
（4）借：本年利润	1 851
贷：所得税费用	1 851

（5）本月净利润 =（32 000 - 24 596）- 1 851 = 5 553（元）

4.（1）借：银行存款	500 000
贷：实收资本	500 000
（2）借：材料采购——A材料	100 000
应交税费——应交增值税（进项税额）	13 000
贷：银行存款	113 000
（3）借：原材料——A材料	100 000
贷：材料采购——A材料	100 000
（4）借：生产成本——甲产品	8 112

——乙产品	5 856
贷：原材料——B 材料	13 968
（5）借：生产成本——甲产品	2 400
——乙产品	1 200
制造费用	1 200
管理费用	1 200
贷：应付职工薪酬——工资	6 000
（6）借：生产成本——甲产品	336
——乙产品	168
制造费用	168
管理费用	168
贷：应付职工薪酬——福利费	840
（7）借：制造费用	2 160
管理费用	720
贷：累计折旧	2 880

（8）制造费用分配率 $= \dfrac{3\ 528}{2\ 400 + 1\ 200} = 0.98$

甲产品应分配的制造费用 $= 2\ 400 \times 0.98 = 2\ 352$（元）

乙产品应分配的制造费用 $= 1\ 200 \times 0.98 = 1\ 176$（元）

借：生产成本——甲产品	2 352
——乙产品	1 176
贷：制造费用	3 528

（9）甲产品生产成本总额 $= 8\ 112 + 2\ 400 + 336 + 2\ 352 = 13\ 200$（元）

乙产品生产成本总额 $= 5\ 856 + 1\ 200 + 168 + 1\ 176 = 8\ 400$（元）

借：库存商品——甲产品	13 200
——乙产品	8 400
贷：生产成本——甲产品	13 200
——乙产品	8 400
（10）借：银行存款	45 561.6
贷：主营业务收入——甲产品	24 640
——乙产品	15 680
应交税费——应交增值税（销项税额）	5 241.6
（11）借：管理费用	600
贷：银行存款	600
（12）借：主营业务成本——甲产品	10 560
——乙产品	6 720

贷：库存商品——甲产品	10 560
——乙产品	6 720
（13）借：主营业务收入——甲产品	24 640
——乙产品	15 680
贷：本年利润	40 320
（14）借：本年利润	19 968
贷：主营业务成本——甲产品	10 560
——乙产品	6 720
管理费用	2 688

（15）全年实现利润总额 = 40 320 − 19 968 = 20 352（元）

全年应纳所得税额 = 20 352 × 25% = 5 088（元）

借：所得税费用	5 088
贷：应交税费——应交所得税	5 088
借：本年利润	5 088
贷：所得税费用	5 088

（16）全年净利润 = 20 352 − 5 088 = 15 264（元）

借：本年利润	15 264
贷：利润分配——未分配利润	15 264
（17）借：利润分配——提取法定盈余公积	1 526.4
贷：盈余公积——法定盈余公积	1 526.4
借：利润分配——应付股利	8 000
贷：应付股利	8 000
（18）借：利润分配——未分配利润	9 526.4
贷：利润分配——提取法定盈余公积	1 526.4
——应付股利	8 000
5.（1）借：银行存款	500 000
贷：实收资本	500 000
（2）借：在途物资——A 材料	100 000
应交税费——应交增值税（进项税额）	13 000
贷：银行存款	113 000
（3）借：在途物资——A 材料	1 000
贷：银行存款	1 000
（4）借：原材料——A 材料	101 000
贷：在途物资——A 材料	101 000
（5）借：其他应收款	2 000
贷：库存现金	2 000

(6) 借：生产成本——甲产品　　　　　　　　　　　　6 450
　　　　　　　——乙产品　　　　　　　　　　　　5 160
　　　贷：原材料——B 材料　　　　　　　　　　　　11 610
(7) 借：生产成本——甲产品　　　　　　　　　　　　10 000
　　　　　　　——乙产品　　　　　　　　　　　　8 000
　　　制造费用　　　　　　　　　　　　　　　　　　4 000
　　　管理费用　　　　　　　　　　　　　　　　　　6 000
　　　贷：应付职工薪酬　　　　　　　　　　　　　　28 000
(8) 借：生产成本——甲产品　　　　　　　　　　　　1 400
　　　　　　　——乙产品　　　　　　　　　　　　1 120
　　　制造费用　　　　　　　　　　　　　　　　　　560
　　　管理费用　　　　　　　　　　　　　　　　　　840
　　　贷：应付职工薪酬　　　　　　　　　　　　　　3 920
(9) 借：制造费用　　　　　　　　　　　　　　　　　1 200
　　　管理费用　　　　　　　　　　　　　　　　　　600
　　　贷：累计折旧　　　　　　　　　　　　　　　　1 800
(10) 借：管理费用　　　　　　　　　　　　　　　　　600
　　　　贷：银行存款　　　　　　　　　　　　　　　600
(11) 借：财务费用　　　　　　　　　　　　　　　　　1 400
　　　　贷：银行存款　　　　　　　　　　　　　　　1 400
(12) 借：制造费用　　　　　　　　　　　　　　　　　1 674
　　　库存现金　　　　　　　　　　　　　　　　　　326
　　　　贷：其他应收款　　　　　　　　　　　　　　2 000
(13) 借：生产成本——甲产品　　　　　　　　　　　　4 130
　　　　　　　　——乙产品　　　　　　　　　　　　3 304
　　　　贷：制造费用　　　　　　　　　　　　　　　7 434
(14) 借：库存商品——甲产品　　　　　　　　　　　　21 980
　　　　　　　　——乙产品　　　　　　　　　　　　17 584
　　　　贷：生产成本——甲产品　　　　　　　　　　21 980
　　　　　　　　　　——乙产品　　　　　　　　　　17 584

6. (1) 会计分录。

①借：固定资产　　　　　　　　　　　　　　　　　　20 000
　　贷：实收资本　　　　　　　　　　　　　　　　　20 000
②借：材料采购——甲种材料　　　　　　　　　　　　297 000
　　应交税费——应交增值税（进项税额）　　　　　　38 610
　　贷：应付账款　　　　　　　　　　　　　　　　　335 610

③借：材料采购——甲种材料　　　　　　　　　　　　　　　3 000
　　　贷：银行存款　　　　　　　　　　　　　　　　　　　　　　3 000
④借：原材料——甲种材料　　　　　　　　　　　　　　　300 000
　　　贷：材料采购——甲种材料　　　　　　　　　　　　　　300 000
⑤借：生产成本——A 产品　　　　　　　　　　　　　　　150 000
　　　　　　——B 产品　　　　　　　　　　　　　　　120 000
　　　制造费用　　　　　　　　　　　　　　　　　　　　　6 000
　　　管理费用　　　　　　　　　　　　　　　　　　　　　3 000
　　　贷：原材料——甲种材料　　　　　　　　　　　　　　279 000
⑥借：库存现金　　　　　　　　　　　　　　　　　　　　　50
　　　管理费用　　　　　　　　　　　　　　　　　　　　　250
　　　贷：其他应收款　　　　　　　　　　　　　　　　　　　300
⑦借：生产成本——A 产品　　　　　　　　　　　　　　　12 000
　　　　　　——B 产品　　　　　　　　　　　　　　　8 000
　　　制造费用　　　　　　　　　　　　　　　　　　　　　3 400
　　　管理费用　　　　　　　　　　　　　　　　　　　　　1 600
　　　贷：应付职工薪酬——工资　　　　　　　　　　　　　25 000
⑧借：制造费用　　　　　　　　　　　　　　　　　　　　　5 600
　　　管理费用　　　　　　　　　　　　　　　　　　　　　400
　　　贷：累计折旧　　　　　　　　　　　　　　　　　　　　6 000
⑨借：应付职工薪酬——工资　　　　　　　　　　　　　　25 000
　　　贷：库存现金　　　　　　　　　　　　　　　　　　　　25 000
⑩借：管理费用　　　　　　　　　　　　　　　　　　　　　600
　　　贷：银行存款　　　　　　　　　　　　　　　　　　　　600

（2）制造费用分配率 = $\dfrac{\text{本月发生的制造费用总额}}{\text{A 产品生产工人工资} + \text{B 产品生产工人工资}}$

= （6 000 + 3 400 + 5 600）÷（12 000 + 8 000）

= 0.75

A 产品应分配的制造费用 = 12 000 × 0.75 = 9 000（元）

B 产品应分配的制造费用 = 8 000 × 0.75 = 6 000（元）

则会计分录为：

借：生产成本——A 产品　　　　　　　　　　　　　　　　9 000
　　　　　　——B 产品　　　　　　　　　　　　　　　　6 000
　　贷：制造费用　　　　　　　　　　　　　　　　　　　　15 000

(3)

完工 A 产品生产成本计算

项目	100 件 A 产品	
	总成本（元）	单位成本（元/件）
直接材料	150 000	1 500
直接人工	12 000	120
制造费用	9 000	90
产品生产成本	171 000	1 710

(4) 借：库存商品——A 产品　　　　　　　　　　　　　171 000
　　　贷：生产成本——A 产品　　　　　　　　　　　　　171 000

7. (1) 会计分录。

① 借：短期借款　　　　　　　　　　　　　　　　　　50 000
　　　长期借款　　　　　　　　　　　　　　　　　　100 000
　　贷：银行存款　　　　　　　　　　　　　　　　　150 000

② 借：在途物资——C 材料　　　　　　　　　　　　　78 000
　　　应交税费——应交增值税（进项税额）　　　　　9 750
　　贷：应付账款——宏天工厂　　　　　　　　　　　87 750

③ 借：原材料——C 材料　　　　　　　　　　　　　　78 000
　　贷：在途物资——C 材料　　　　　　　　　　　　78 000

④ 借：生产成本——甲商品　　　　　　　　　　　　　40 000
　　　　　　　　——乙商品　　　　　　　　　　　　30 000
　　　制造费用　　　　　　　　　　　　　　　　　　5 000
　　　管理费用　　　　　　　　　　　　　　　　　　2 000
　　贷：原材料——A 材料　　　　　　　　　　　　　42 000
　　　　　　　　——B 材料　　　　　　　　　　　　35 000

⑤ 借：应付职工薪酬——工资　　　　　　　　　　　　37 500
　　贷：库存现金　　　　　　　　　　　　　　　　　37 500

⑥ 借：生产成本——甲商品　　　　　　　　　　　　　18 000
　　　　　　　　——乙商品　　　　　　　　　　　　12 000
　　　制造费用　　　　　　　　　　　　　　　　　　3 000
　　　管理费用　　　　　　　　　　　　　　　　　　4 500
　　贷：应付职工薪酬——工资　　　　　　　　　　　37 500

⑦ 借：生产成本——甲商品　　　　　　　　　　　　　2 520
　　　　　　　　——乙商品　　　　　　　　　　　　1 680

	制造费用	420
	管理费用	630
	贷：应付职工薪酬——职工福利	5 250
⑧借：	制造费用	8 904
	管理费用	796
	贷：累计折旧	9 700
⑨借：	制造费用	100
	管理费用	300
	贷：银行存款	400
⑩借：	管理费用	2000
	贷：库存现金	2 000

（2）①制造费用分配率 =（5 000 + 3 000 + 420 + 8 904 + 100）÷（8 100 + 5 100）

= 17 424 ÷ 13 200

= 1.32（元/工时）

甲商品应分配的制造费用 = 8 100 × 1.32 = 10 692（元）

乙商品应分配的制造费用 = 5 100 × 1.32 = 6 732（元）

②借：生产成本——甲商品　　　　　　　　　　　　　　　　　10 692

　　　　　——乙商品　　　　　　　　　　　　　　　　　　6 732

　　　贷：制造费用　　　　　　　　　　　　　　　　　　　　17 424

（3）

甲商品成本计算

商品名称	产量	成本	直接材料	直接人工	制造费用	合计
甲商品	500 件	总成本（元）	40 000	20 520	10 692	71 212
		单位成本（元/件）	80.00	41.04	21.384	142.424

（4）借：库存商品——甲商品　　　　　　　　　　　　　　　　71 212

　　　贷：生产成本——甲商品　　　　　　　　　　　　　　　　71 212

8.（1）会计分录。

①借：固定资产　　　　　　　　　　　　　　　　　　　　200 000

　　　贷：实收资本　　　　　　　　　　　　　　　　　　　200 000

②借：银行存款　　　　　　　　　　　　　　　　　　　　800 000

　　　贷：长期借款　　　　　　　　　　　　　　　　　　　800 000

③借：生产成本——甲产品　　　　　　　　　　　　　　　　45 000

　　　　　——乙产品　　　　　　　　　　　　　　　　　　30 000

　　　制造费用　　　　　　　　　　　　　　　　　　　　　　6 100

	管理费用	2 200
	贷：原材料——A 材料	46 100
	——B 材料	37 200
④借：生产成本——甲产品		18 500
	——乙产品	16 000
	制造费用	3 500
	管理费用	5 500
	贷：应付职工薪酬——工资	43 500
⑤借：制造费用		5 940
	管理费用	1 200
	贷：累计折旧	7 140
⑥借：制造费用		1 500
	管理费用	500
	贷：银行存款	2 000
⑦借：应收账款		5 876
	贷：其他业务收入	5 200
	应交税费——应交增值税（销项税额）	676
⑧借：税金及附加		1 710
	贷：应交税费——应交城市维护建设税	1 100
	——应交教育费附加	610
⑨借：其他业务成本		4 900
	贷：原材料——C 材料	4 900
⑩借：营业外支出		260
	贷：库存现金	260

（2）①制造费用分配率 =（6 100 + 3 500 + 5 940 + 1 500）÷（7 000 + 5 000）
  = 17 040 ÷ 12 000
  = 1.42（元/工时）

甲产品应分配的制造费用 = 7 000 × 1.42 = 9 940（元）
乙产品应分配的制造费用 = 5 000 × 1.42 = 7 100（元）

②借：生产成本——甲产品		9 940
	——乙产品	7 100
	贷：制造费用	17 040

（3）完工甲产品的总成本 = 45 000 + 18 500 + 9 940 = 73 440（元）
完工甲产品的单位成本 = 73 440 ÷ 1 000 = 73.44（元/件）

（4）借：库存商品——甲产品		73 440
	贷：生产成本——甲产品	73 440

第五章练习题答案

一、单项选择题

1. C   2. C   3. D   4. B   5. C   6. C   7. B   8. A   9. D   10. B
11. C 12. D 13. B 14. C 15. C 16. A 17. B 18. C 19. B 20. B
21. C 22. C 23. B 24. B 25. B 26. A 27. C 28. D 29. D 30. C
31. A 32. C 33. C 34. B 35. A 36. A 37. A 38. C 39. D

二、多项选择题

1. ABCDE   2. ABCDE   3. CD   4. ABCD   5. AC   6. ABC   7. CDE
8. BC   9. ABCD   10. ACE   11. CD   12. BCE   13. ABC   14. ABCD
15. ABCD 16. ABC   17. ABC   18. ACD   19. BCD   20. AD   21. ABCD
22. ACD   23. ABDE   24. ABD

三、判断题

1. √   2. ×   3. ×   4. √   5. ×   6. ×   7. √   8. √   9. ×   10. √
11. √ 12. × 13. √ 14. × 15. √ 16. × 17. √ 18. √ 19. × 20. √
21. √ 22. √ 23. × 24. √ 25. × 26. × 27. × 28. × 29. × 30. √
31. × 32. √

四、简答题

会计凭证是记录经济业务、明确经济责任,作为记账依据的书面证明。填制和审核会计凭证是会计核算工作的起点,也是会计核算工作的基础。因此,填制和审核会计凭证,对完成会计工作任务、实现会计职能、发挥会计作用,具有重要的意义。

(1) 为会计核算提供原始依据。认真填制和严格审核会计凭证,可以为记账、算账提供真实、可靠的数据资料,从而保证会计核算的准确性。

(2) 发挥会计监督作用。认真填制和严格审核会计凭证,可以检查和监督经济业务活动的合理性、合法性,充分发挥会计的监督作用。

(3) 加强岗位责任制、强化企业内部控制。认真填制和严格审核会计凭证,可以明确有关部门和有关人员在办理经济业务中的责任,控制经济运行。

第六章练习题答案

一、单项选择题

1. C 2. D 3. B 4. A 5. D 6. C 7. D 8. C 9. C 10. B
11. B 12. B 13. D 14. A 15. B 16. C 17. A 18. A 19. C 20. C
21. B 22. D 23. A 24. C 25. C

二、多项选择题

1. ABCD 2. ABCD 3. ABCE 4. ABCD 5. ABCD 6. ABCD 7. ABC
8. ABC 9. ABC 10. ABCD 11. BD 12. ABC 13. BCD 14. BCD
15. BC 16. ABCD 17. ABCD 18. AB

三、判断题

1. √ 2. × 3. × 4. √ 5. √ 6. × 7. × 8. √ 9. √ 10. ×
11. × 12. × 13. × 14. × 15. √ 16. √ 17. √ 18. √ 19. × 20. ×
21. × 22. × 23. √ 24. × 25. × 26. √ 27. √ 28. ×

四、简答题

1. 不对。账户有总分类账和明细分类账两种，它们的作用各不相同。总分类账是按总分类科目开设和登记的，总括地反映和记录经济业务的内容；明细分类账户是根据明细科目开设的、分类登记经济业务具体内容，以提供经济业务的明细内容。总分类账户的总额与其有关的明细分类账户的金额之和相等。总分类账是明细分类账的统驭账户，它对明细分类账起控制作用；明细分类账户是总分类账户的从属账户，对总分类账起辅助和补充作用。

2. 总分类账户和明细分类账户之间采用平行登记法。平行登记，就是根据会计凭证，将所发生的经济业务既要记入有关总分类账，又要记入与总账相对应的明细账户的方法，平行登记包括三个方面：

(1) 同时间登记：每项交易或事项必须根据同一会计凭证同时登记总分类账和明细分类账。

(2) 同方向登记：登记总分类账及所属明细分类账时，其借方或贷方的记账方向必须相同。

(3) 同金额登记：登记总分类账的金额必须与所属明细分类账的合计金额相同。

3. 所谓对账，就是核对账目，它是保证会计账簿记录真实准确的重要程序。因为在会计工作中，由于种种原因，难免会发生记账、计算等差错，也难免会出现账实不符的现象。通过对账，可以保证各账簿记录真实、完整和正确，如实地反映和监督经济活动，为编制财务报表提供可靠的资料。所以必须做好对账工作。

对账的具体内容应包括账簿与凭证的核对、账簿与账簿的核对、账簿与实物的核对，即保证账证相符、账账相符和账实相符。

4. 结账，是在将本期内所发生的经济业务全部登记入账的基础上，按照规定的方法对该期内的账簿记录进行小结,结算出本期发生额合计和期末余额,并将其余额结转下期或者转入新账。

按结账时间的不同,结账可以分为月结、季结、年结,结账时应根据结账时间和不同的账户记录,分别采用不同的结账方法。

(1) 月结,是指月末对本月账簿记录所进行的总结。

(2) 季结,是指季末对本季账簿记录所进行的总结。

(3) 年结,是指年末对本年账簿记录所进行的总结。

五、业务处理题

更正方法:红字更正法。

首先,红字金额填写一张与原错误凭证相同的现金付款凭证,凭证上的会计分录为:

借:管理费用　　　　　　　　　　　　　　　　　　6 000

　　贷:库存现金　　　　　　　　　　　　　　　　　　6 000

并在凭证的"摘要"栏上注明冲销8月15日第×字号凭证的错误,并据以入账。

然后,用蓝字或黑字编写一张正确的现金付款凭证,凭证上的会计分录为:

借:其他应收款　　　　　　　　　　　　　　　　　6 000

　　贷:库存现金　　　　　　　　　　　　　　　　　　6 000

并在凭证的"摘要"栏上注明更正8月15日第×字号凭证的错误,并据以入账。

第七章练习题答案

一、单项选择题
1. C 2. A 3. A 4. A 5. C 6. D 7. C 8. C 9. C 10. C
11. D 12. A 13. C 14. A 15. A 16. A 17. A 18. A 19. C 20. D
21. D 22. A 23. C 24. B 25. A

二、多项选择题
1. ABCDE 2. ABCDE 3. AD 4. AD 5. ABC 6. ABD 7. ABCD
8. AD 9. BC 10. CD 11. BD 12. ACE 13. AB 14. AC
15. ACD 16. ACD 17. AB 18. ABCD 19. ABCD 20. AC 21. AB
22. ABCD 23. ABCDE 24. ABCD 25. ABD 26. AB 27. BC 28. ABD

三、判断题
1. × 2. √ 3. × 4. × 5. √ 6. × 7. × 8. √ 9. × 10. ×
11. √ 12. × 13. √ 14. × 15. √ 16. × 17. √ 18. × 19. √ 20. √
21. × 22. × 23. × 24. × 25. × 26. × 27. √ 28. √ 29. × 30. √
31. × 32. √ 33. × 34. × 35. √ 36. √ 37. √ 38. ×

四、简答题

1. 财产清查，就是通过对财产物资、现金的实地盘点和对银行存款、债权债务的查对，来确定财产物资、货币资金和债权债务的实存数，并查明账面结存数与实存数是否相符的一种专门方法。财产清查的意义：

（1）通过财产清查，可以确定各项财产物资的实有数，将实存数与账存数进行比较，确定各项财产物资的盘盈、盘亏，并及时调整账簿记录，做到账实相符，以保证账簿记录的真实、可靠，提高会计信息的质量。

（2）通过财产清查，可以揭示各项财产物资的使用情况，改善经营管理，挖掘各项财产物资的潜力，加速资金周转，提高财产物资的使用效果。

2. 未达账项是指在开户银行和本单位之间，对于同一款项的收、付业务，因凭证传递时间和记账时间的不同，发生的一方已入账，而另一方尚未入账的会计事项。未达账项有以下情况：企业已收、银行未收的款项；企业已付、银行未付的款项；银行已收、企业未收的款项；银行已付、企业未付的款项。

3. 财产物资的盘存制度有永续盘存制和实地盘存制。

（1）永续盘存制也称账面盘存制，是指平时对各项财产物资的增加数和减少数都须根据有关凭证连续记入有关账簿，并随时结出账面结存数额的一种盘存制度。其优点是核算手续严密，可随时了解和掌握各种库存存货的收入、发出和结存情况；有利于加强对物资的管理，从而可使各种存货安全、库存数额合理。其缺点是手续复杂，明细核算工作量较大。

（2）实地盘存制是指平时在账簿中只登记财产物资的增加数，不登记减少数，到期末结账时，根据实地盘点的实存数，倒挤出本月的减少数，并据以登记有关账簿的一种盘存制度。其优点是核算工作比较简单。其缺点是手续不严密，不利于通过会计记录来加强财产物资的监管。

五、业务处理题

1.（1）原因：由于企业和银行双方记账没有错误，因此导致余额不等的原因是存在未达账项。未达账项的存在，使得企业与银行之间一方已入账而另一方尚未入账而导致双方余额不等。

（2）

银行存款余额调节表

20××年7月31日 单位：元

项目	余额	项目	余额
企业银行存款日记账余额	32 200	银行对账单余额	31 800
加：银行已收，企业未收的款项	3 000	加：企业已收，银行未收的款项	2 500
减：银行已付，企业未付的款项	2 200	减：企业已付，银行未付的款项	1 300
调节后的存款余额	33 000	调节后的存款余额	33 000

企业月末实际可用的银行存款余额为33 000元。

2.（1）

银行存款余额调节表

20××年7月31日 单位：元

项目	余额	项目	余额
企业银行存款日记账余额	535 000	银行对账单余额	508 000
加：银行已收，企业未收的款项	50 000	加：企业已收，银行未收的款项	64 000
减：银行已付，企业未付的款项	1 000	减：企业已付，银行未付的款项	1 600
调节后的存款余额	584 000	调节后的存款余额	570 400

（2）说明企业银行存款日记账的账面余额有误，多记了13 600元。

第八章练习题答案

一、单项选择题

1. D　2. A　3. A　4. B　5. D　6. A　7. A　8. C　9. D　10. B
11. C　12. A　13. A　14. C　15. B　16. C　17. A　18. A　19. D　20. D
21. A　22. A　23. D　24. B　25. B

二、多项选择题

1. AD　2. AC　3. BCD　4. ABC　5. ABCDE　6. ACD　7. ABCD　8. BCD　9. ABCD　10. AD

三、判断题

1. √　2. √　3. √　4. ×　5. √　6. √　7. ×　8. ×　9. √　10. ×
11. ×　12. √　13. ×　14. ×　15. √　16. √　17. ×　18. ×　19. ×　20. ×
21. ×　22. √　23. ×　24. √　25. ×　26. ×　27. ×　28. ×

四、简答题

1. 财务会计报告，又称财务报告，是指企业对外提供的反映企业某一特定日期财务状况和某一会计期间经营成果、现金流量等会计信息的文件。财务会计报告包括财务报表和其他应当在财务会计报告中披露的相关信息和资料。

财务报表是财务会计报告的重要组成部分，财务报表是财务会计报告的核心内容。财务报表包括会计报表及其附注两个部分，是企业对外传递会计信息的主要手段。一般企业的财务报表包括下列内容：

（1）资产负债表：反映企业在某一特定日期的财务状况的会计报表。

（2）利润表：反映企业在一定会计期间的经营成果的会计报表。

（3）现金流量表：反映企业在一定会计期间的现金和现金等价物流入和流出的会计报表。

（4）所有者权益变动表：反映所有者权益的各组成部分及当期的增减变动情况的会计报表。

（5）附注：对在会计报表中列示项目所做的进一步说明，以及对未能在这些报表中列示项目的说明等。

2. 现金流量表中的现金是广义的现金，是指企业的库存现金以及可以随时用于支付的存款；现金等价物是指企业持有的期限短、流动性强、易于转换为已知金额现金、价值变动风险小的投资。

现金流量表是反映企业在一定会计期间的现金和现金等价物流入和流出的动态会计报表，能够帮助信息使用者了解企业现金流量的变动情况，正确评价企业的支付能力、偿债能力和周转能力以及预测未来的现金流量，分析收益质量等方面的信息。

五、业务处理题

1. （1）"货币资金"项目 = 1 400 + 266 000 = 267 400（元）

(2)"存货"项目 = 255 000 + 123 000 + 85 000 = 463 000（元）

(3)"应收账款"项目 = 18 100 + 2 000 = 20 100（元）

(4)"应付账款"项目 = 10 300 + 3 000 = 13 300（元）

(5)"预收款项"项目 = 6 400 + 4 000 = 10 400（元）

2. (1) 营业收入 = 1 801 200 + 43 400 = 1 844 600（元）

(2) 营业成本 = 1 290 760 + 11 000 = 1 301 760（元）

(3) 营业利润 = 1 844 600 - 1 301 760 - 5 200 - 76 000 - 140 200 - 18 460 + 350 000
= 652 980（元）

(4) 利润总额 = 652 980 + 14 200 - 6 700 = 660 480（元）

(5) 净利润 = 660 480 - 660 480 × 25% = 495 360（元）

3. 资产负债表内各项数字计算如下：

(1) 货币资金 = 600 000 - 408 000 - 35 000 - 75 000 = 82 000

(2) 资产总额 = 1 000 000

(3) 非流动资产合计 = 1 000 000 - 600 000 = 400 000

(4) 固定资产 = 400 000 - 160 000 - 50 000 - 25 000 = 165 000

(5) 短期借款 = 178 000 - 20 000 - 12 000 = 146 000

4.

资产负债表

编制单位：大华公司　　　　　　　　20××年12月31日　　　　　　　　单位：元

资产	期末数	负债和所有者权益	期末数
流动资产：		流动负债：	
货币资金	(510 000)	短期借款	35 000
交易性金融资产	24 000	应付账款	28 000
应收账款	(7 500)	预收款项	(7 000)
预付款项	30 000	应付职工薪酬	50 000
存货	(160 000)	流动负债合计	(120 000)
其他流动资产	50 000	非流动负债：	
流动资产合计	(781 500)	长期借款	220 000
非流动资产：		非流动负债合计	220 000
固定资产	(700 000)	负债合计	(340 000)
无形资产	100 000	所有者权益：	
		实收资本	800 000
		盈余公积	241 500
		未分配利润	200 000
		所有者权益合计	(1 241 500)
资产总计	(1 581 500)	负债和所有者权益总计	(1 581 500)

第九章练习题答案

一、单项选择题

1. B 2. D 3. B 4. C 5. B 6. B 7. C 8. B 9. A 10. A
11. C 12. B 13. A 14. A 15. C 16. B

二、多项选择题

1. ACD 2. BCE 3. ABCD 4. ABCD 5. AC 6. CD 7. AB
8. ABC 9. ABC 10. BC 11. BC 12. ABC 13. AB 14. ABCDE

三、判断题

1. × 2. √ 3. × 4. × 5. √ 6. × 7. × 8. × 9. √ 10. ×
11. √ 12. √ 13. × 14. √ 15. × 16. √ 17. √ 18. √ 19. × 20. √
21. √ 22. × 23. × 24. √ 25. √ 26. ×

四、简答题

根据登记总分类账的依据不同，会计核算程序主要有以下五种：记账凭证账务处理程序、汇总记账凭证账务处理程序、科目汇总表账务处理程序、多栏式日记账账务处理程序和日记总账账务处理程序。有效地组织会计核算具有重要意义：

（1）科学合理地选择适用于本单位的会计核算程序，能保证企业会计核算工作以高效、高质的方式实现会计核算。一个单位的性质、规模和业务繁复程度决定其适用的账务处理程序。不同的账务处理程序，对汇总凭证、登记总分类账的依据和办法的要求不同，选择适合的核算程序，是实现会计核算工作高效率、高质量的前提。

（2）科学合理地选择适用于本单位的会计核算程序，能在高效率、高质量的前提下，充分发挥会计核算监督的基本职能。

（3）科学合理地选择适用于本单位的会计核算程序，能在高效率、高质量的前提下，为会计参与企业经营决策打下良好基础，更有效地实现会计的管理职能。

所以，各单位必须从各自的实际情况出发，科学地组织本单位会计核算程序。

综合测试参考答案

综合测试一答案

一、单项选择题

1. A　2. D　3. B　4. A　5. C　6. A　7. D　8. B　9. A　10. C
11. A　12. D　13. B　14. A　15. C

二、多项选择题

1. AB　2. AB　3. BCE　4. ABDE　5. ABC

三、判断题

1. √　2. ×　3. √　4. √　5. ×　6. ×　7. √　8. ×　9. √　10. √

四、业务计算题

（1）借：库存商品——A产品　　　　　　　　　　　　　　　400 000
　　　　贷：生产成本——A产品　　　　　　　　　　　　　　　　400 000

（2）①借：应收账款　　　　　　　　　　　　　　　　　　　678 000
　　　　　贷：主营业务收入——A产品　　　　　　　　　　　　　600 000
　　　　　　　应交税费——应交增值税（销项税额）　　　　　　　78 000

②结转成本：

借：主营业务成本——A产品　　　　　　　　　　　　　　　　300 000
　　贷：库存商品——A产品　　　　　　　　　　　　　　　　　　300 000

（3）借：销售费用　　　　　　　　　　　　　　　　　　　　40 000
　　　　贷：银行存款　　　　　　　　　　　　　　　　　　　　40 000

（4）借：管理费用　　　　　　　　　　　　　　　　　　　　21 000
　　　　贷：银行存款　　　　　　　　　　　　　　　　　　　　21 000

（5）①借：银行存款　　　　　　　　　　　　　　　　　　113 000
　　　　　贷：其他业务收入　　　　　　　　　　　　　　　　　100 000
　　　　　　　应交税费——应交增值税（销项税额）　　　　　　　13 000

②结转成本：

149

借：其他业务成本		50 000
贷：原材料		50 000
（6）借：财务费用		10 000
贷：应付利息		10 000
（7）①借：主营业务收入——A产品		600 000
其他业务收入		100 000
贷：本年利润		700 000
②借：本年利润		421 000
贷：主营业务成本——A产品		300 000
其他业务成本		50 000
销售费用		40 000
管理费用		21 000
财务费用		10 000

③计提所得税：

借：所得税费用		69 750
贷：应交税费——应交所得税		69 750

④结转所得税费用

借：本年利润		69 750
贷：所得税费用		69 750
（8）借：本年利润		209 250
贷：利润分配——未分配利润		209 250
（9）①借：利润分配——提取法定盈余公积		20 925
贷：盈余公积		20 925
②借：利润分配——未分配利润		20 925
贷：利润分配——提取法定盈余公积		20 925

综合测试二答案

一、单项选择题

1. B 2. C 3. B 4. C 5. D 6. D 7. B 8. B 9. B 10. D
11. A 12. C 13. B 14. B 15. A

二、多项选择题

1. ABCD 2. ABCDE 3. ABCE 4. ACDE 5. BCDE

三、判断题

1. × 2. × 3. √ 4. × 5. × 6. × 7. × 8. × 9. √ 10. √

四、业务计算题

(1) 借：生产成本——甲产品　　　　　　　　　　　　　　　　18 000
　　　　　　　　——乙产品　　　　　　　　　　　　　　　　17 000
　　　贷：原材料　　　　　　　　　　　　　　　　　　　　　35 000

(2) 借：生产成本——甲产品　　　　　　　　　　　　　　　　 9 000
　　　　　　　　——乙产品　　　　　　　　　　　　　　　　 6 000
　　　贷：应付职工薪酬——工资　　　　　　　　　　　　　　15 000

(3) 借：生产成本——甲产品　　　　　　　　　　　　　　　　 1 260
　　　　　　　　——乙产品　　　　　　　　　　　　　　　　 840
　　　贷：应付职工薪酬——职工福利　　　　　　　　　　　　 2 100

(4) 借：生产成本——甲产品　　　　　　　　　　　　　　　　 4 800
　　　　　　　　——乙产品　　　　　　　　　　　　　　　　 3 200
　　　贷：制造费用　　　　　　　　　　　　　　　　　　　　 8 000

(5) 借：库存商品——甲产品　　　　　　　　　　　　　　　　33 060
　　　　　　　　——乙产品　　　　　　　　　　　　　　　　27 040
　　　贷：生产成本——甲产品　　　　　　　　　　　　　　　33 060
　　　　　　　　——乙产品　　　　　　　　　　　　　　　　27 040

(6) 借：银行存款　　　　　　　　　　　　　　　　　　　　　42 714
　　　贷：主营业务收入——甲产品　　　　　　　　　　　　　37 800
　　　　　应交税费——应交增值税（销项税额）　　　　　　　 4 914

(7) 借：主营业务成本——甲产品　　　　　　　　　　　　　　29 754
　　　贷：库存商品——甲产品　　　　　　　　　　　　　　　29 754

(8) 借：其他应付款　　　　　　　　　　　　　　　　　　　　 5 000
　　　贷：营业外收入　　　　　　　　　　　　　　　　　　　 5 000

（9）借：营业外支出　　　　　　　　　　　　　　　　3 400
　　　　贷：银行存款　　　　　　　　　　　　　　　　　　3 400
（10）借：销售费用　　　　　　　　　　　　　　　　　800
　　　　贷：银行存款　　　　　　　　　　　　　　　　　　　800
（11）借：财务费用　　　　　　　　　　　　　　　　　400
　　　　贷：银行存款　　　　　　　　　　　　　　　　　　　400
（12）借：管理费用　　　　　　　　　　　　　　　　　600
　　　　贷：待处理财产损溢　　　　　　　　　　　　　　　　600
（13）借：所得税费用　　　　　　　　　　　　　　1 961.5
　　　　贷：应交税费——应交所得税　　　　　　　　　　1 961.5
（14）借：主营业务收入——甲产品　　　　　　　　　37 800
　　　　　营业外收入　　　　　　　　　　　　　　　　5 000
　　　　贷：本年利润　　　　　　　　　　　　　　　　42 800
（15）借：本年利润　　　　　　　　　　　　　　　36 915.5
　　　　贷：主营业务成本——甲产品　　　　　　　　　29 754
　　　　　　管理费用　　　　　　　　　　　　　　　　　600
　　　　　　销售费用　　　　　　　　　　　　　　　　　800
　　　　　　财务费用　　　　　　　　　　　　　　　　　400
　　　　　　营业外支出　　　　　　　　　　　　　　　3 400
　　　　　　所得税费用　　　　　　　　　　　　　　1 961.5
（16）借：本年利润　　　　　　　　　　　　　　　　5 884.5
　　　　贷：利润分配——未分配利润　　　　　　　　　5 884.5

综合测试三答案

一、单项选择题
1. B　2. D　3. A　4. B　5. C　6. A　7. D　8. B　9. A　10. A
11. A　12. B　13. B　14. A　15. D

二、多项选择题
1. BCE　2. BCD　3. AE　4. ACE　5. ABC

三、判断题
1. ×　2. ×　3. √　4. √　5. √　6. ×　7. ×　8. ×　9. √　10. √

四、业务计算题

总分类账户发生额及余额试算平衡表　　　　　　　　　　单位：元

账户名称	期初余额		本期发生额		期末余额	
	借方	贷方	借方	贷方	借方	贷方
库存现金	2 000		20 000	(2 000)	20 000	
银行存款	(200 000)		1 500 000	230 000	1 470 000	
原材料	10 000			12 000		(22 000)
短期借款		92 000	204 000	504 000		(392 000)
实收资本		(12 000)		1 000 000		1 120 000
合计	(212 000)	(212 000)	1 736 000	(1 736 000)	(1 512 000)	(1 512 000)

综合测试四答案

一、单项选择题

1. A 2. C 3. A 4. C 5. A 6. B 7. B 8. B 9. D 10. A
11. A 12. B 13. B 14. D 15. B

二、多项选择题

1. CD 2. BC 3. ABCD 4. BD 5. ABD

三、判断题

1. × 2. × 3. × 4. × 5. × 6. √ 7. × 8. √ 9. × 10. √

四、业务计算题

（1）会计分录。

①借：生产成本——甲产品		160 000
——乙产品		100 000
贷：原材料——A材料		160 000
——B材料		100 000
②借：制造费用		40 000
贷：原材料——B材料		40 000
③借：制造费用		2 000
贷：银行存款		2 000
④借：生产成本——甲产品		80 000
——乙产品		120 000
制造费用		40 000
贷：应付职工薪酬		240 000
⑤借：制造费用		60 000
贷：累计折旧		60 000
⑥借：生产成本——甲产品		56 800
——乙产品		85 200
贷：制造费用		142 000
⑦借：库存商品——甲产品		296 800
——乙产品		305 200
贷：生产成本——甲产品		296 800
——乙产品		305 200

(2)

总成本和单位成本计算

产品名称	本期费用（元）			总成本（元）	数量（件）	单位成本（元/件）
	直接材料	直接人工	制造费用			
甲产品	160 000	80 000	56 800	296 800	2 000	148.4
乙产品	100 000	120 000	85 200	305 200	4 000	76.3

综合测试五答案

一、单项选择题

1. B　2. C　3. C　4. A　5. C　6. B　7. A　8. B　9. B　10. A
11. C　12. A　13. C　14. C　15. A

二、多项选择题

1. AB　2. ABCD　3. ADE　4. CDE　5. ABCD

三、判断题

1. ×　2. ×　3. ×　4. ×　5. √　6. ×　7. ×　8. ×　9. √　10. ×

四、业务计算题

(1) 借：银行存款　　　　　　　　　　　　　　　　　　　600 000
　　　贷：长期借款　　　　　　　　　　　　　　　　　　　　　600 000

(2) 借：固定资产　　　　　　　　　　　　　　　　　　　 80 000
　　　贷：实收资本　　　　　　　　　　　　　　　　　　　　　 80 000

(3) 借：银行存款　　　　　　　　　　　　　　　　　　　 10 000
　　　贷：应收账款　　　　　　　　　　　　　　　　　　　　　 10 000

(4) 借：管理费用　　　　　　　　　　　　　　　　　　　 2 400
　　　贷：银行存款　　　　　　　　　　　　　　　　　　　　　 2 400

(5) ①借：银行存款　　　　　　　　　　　　　　　　　　 282 500
　　　　贷：主营业务收入——A产品　　　　　　　　　　　　　 250 000
　　　　　　应交税费——应交增值税（销项税额）　　　　　　　 32 500

②结转成本：

借：主营业务成本——A产品　　　　　　　　　　　　　　 138 000
　　贷：库存商品——A产品　　　　　　　　　　　　　　　　 138 000

(6) 借：原材料——甲材料　　　　　　　　　　　　　　　 38 000
　　　　应交税费——应交增值税（进项税额）　　　　　　　　 4 940
　　　贷：银行存款　　　　　　　　　　　　　　　　　　　　　 42 940

(7) 借：生产成本——A产品　　　　　　　　　　　　　　 6 000
　　　贷：原材料——甲材料　　　　　　　　　　　　　　　　　 3 600
　　　　　　　　——乙材料　　　　　　　　　　　　　　　　　 2 400

(8) 借：生产成本——B产品　　　　　　　　　　　　　　 5 000
　　　贷：原材料——甲材料　　　　　　　　　　　　　　　　　 5 000

(9) 借：制造费用　　　　　　　　　　　　　　　　　　　 2 000

	贷：原材料——甲材料	2 000
（10）	借：库存现金	30 000
	贷：银行存款	30 000
（11）	借：生产成本——A产品	12 000
	——B产品	10 000
	制造费用	8 000
	贷：应付职工薪酬——工资	30 000
（12）	借：应付职工薪酬——工资	30 000
	贷：库存现金	30 000
（13）	借：制造费用	780
	贷：银行存款	780
（14）	借：制造费用	8 100
	管理费用	3 200
	贷：累计折旧	11 300
（15）	借：财务费用	980
	贷：银行存款	980
（16）	借：销售费用	1 000
	贷：银行存款	1 000
（17）	①借：应收账款	56 500
	贷：主营业务收入——B产品	50 000
	应交税费——应交增值税（销项税额）	6 500

②结转成本：

借：主营业务成本——B产品		35 000
贷：库存商品——B产品		35 000
（18）	借：生产成本——A产品	10 298
	——B产品	8 582
	贷：制造费用	18 880
（19）	借：库存商品——A产品	28 298
	贷：生产成本——A产品	28 298
（20）	借：营业外支出	5 400
	贷：银行存款	5 400
（21）	借：管理费用	4 300
	贷：库存现金	4 300
（22）	①借：主营业务收入——A产品	250 000
	——B产品	50 000
	贷：本年利润	300 000

— 157 —

②借：本年利润 190 280
　　　贷：主营业务成本——A 产品 138 000
　　　　　　　　　　　　——B 产品 35 000
　　　　　　管理费用 9 900
　　　　　　财务费用 980
　　　　　　销售费用 1 000
　　　　　　营业外支出 5 400
③借：所得税费用 27 430
　　　贷：应交税费——应交所得税 27 430
④借：本年利润 27 430
　　　贷：所得税费用 27 430

综合测试六答案

一、单项选择题

1. C 2. A 3. A 4. D 5. C 6. D 7. A 8. D 9. D 10. C
11. B 12. C 13. C 14. A 15. B

二、多项选择题

1. BCD 2. BD 3. ABD 4. ABCD 5. BCD

三、判断题

1. × 2. × 3. × 4. × 5. √ 6. × 7. √ 8. × 9. × 10. √

四、业务计算题

（1）①确认收入：

借：银行存款	800 000
应收账款	194 400
贷：主营业务收入——A 商品	880 000
应交税费——应交增值税（销项税额）	114 400

②结转成本：

借：主营业务成本——A 商品	600 000
贷：库存商品——A 商品	600 000
（2）借：销售费用	28 000
贷：银行存款	28 000
（3）借：管理费用	30 200
贷：银行存款	30 200
（4）借：应付账款	30 000
贷：营业外收入	30 000
（5）①借：银行存款	113 000
贷：其他业务收入	100 000
应交税费——应交增值税（销项税额）	13 000

②结转成本：

借：其他业务成本	60 000
贷：原材料	60 000
（6）借：财务费用	2 000
贷：应付利息	2 000
（7）借：营业外支出	1 000

　　　　贷：银行存款　　　　　　　　　　　　　　　　　　　　　　　　1 000
（8）①借：主营业务收入——A商品　　　　　　　　　　　　　　880 000
　　　　　　其他业务收入　　　　　　　　　　　　　　　　　　　100 000
　　　　　　营业外收入　　　　　　　　　　　　　　　　　　　　 30 000
　　　　贷：本年利润　　　　　　　　　　　　　　　　　　　　1 010 000
　　②借：本年利润　　　　　　　　　　　　　　　　　　　　　　721 200
　　　　贷：主营业务成本——A商品　　　　　　　　　　　　　　600 000
　　　　　　其他业务成本　　　　　　　　　　　　　　　　　　　 60 000
　　　　　　销售费用　　　　　　　　　　　　　　　　　　　　　 28 000
　　　　　　管理费用　　　　　　　　　　　　　　　　　　　　　 30 200
　　　　　　财务费用　　　　　　　　　　　　　　　　　　　　　 2 000
　　　　　　营业外支出　　　　　　　　　　　　　　　　　　　　　1 000
　　③计提所得税：
　　借：所得税费用　　　　　　　　　　　　　　　　　　　　　　 72 200
　　　　贷：应交税费——应交所得税　　　　　　　　　　　　　　 72 200
　　④结转所得税费用
　　借：本年利润　　　　　　　　　　　　　　　　　　　　　　　 72 200
　　　　贷：所得税费用　　　　　　　　　　　　　　　　　　　　 72 200
（9）借：本年利润　　　　　　　　　　　　　　　　　　　　　　216 600
　　　　贷：利润分配——未分配利润　　　　　　　　　　　　　　216 600
（10）借：利润分配——提取法定盈余公积　　　　　　　　　　　 21 660
　　　　贷：盈余公积　　　　　　　　　　　　　　　　　　　　　 21 660
（11）借：利润分配——未分配利润　　　　　　　　　　　　　　 21 660
　　　　贷：利润分配——提取法定盈余公积　　　　　　　　　　　 21 660

综合测试七答案

一、单项选择题
1. B 2. C 3. B 4. C 5. A 6. D 7. A 8. B 9. C 10. D
11. B 12. D 13. B 14. C 15. A

二、多项选择题
1. ABC 2. AB 3. BC 4. BCD 5. ADE

三、判断题
1. √ 2. × 3. × 4. × 5. √ 6. × 7. × 8. × 9. √ 10. ×

四、业务计算题

资产负债表

编制单位：甲公司　　　　　　20××年12月31日　　　　　　金额：元

资产	期末数	负债和所有者权益	期末数
流动资产：		流动负债：	
货币资金	(259 000)	短期借款	(50 000)
应收账款	(80 000)	应付账款	30 000
其他应收款	10 000	预收款项	30 000
预付款项	0	应付职工薪酬	10 000
存货	(37 000)	流动负债合计	(120 000)
其他流动资产	5 000	非流动负债：	
流动资产合计	(391 000)	长期借款	100 000
非流动资产：		非流动负债合计	100 000
固定资产	(80 000)	负债合计	(220 000)
无形资产	29 000	所有者权益：	
非流动资产合计	(109 000)	实收资本	200 000
		资本公积	10 000
		盈余公积	40 000
		未分配利润	30 000
		所有者权益合计	(280 000)
资产总计	(500 000)	负债和所有者权益总计	(500 000)

综合测试八答案

一、单项选择题

1. C   2. D   3. C   4. C   5. C   6. B   7. A   8. A   9. C   10. D

11. A   12. B   13. C   14. C   15. B

二、多项选择题

1. ABD   2. BCD   3. ACD   4. ABCD   5. ADE

三、判断题

1. ×   2. ×   3. √   4. ×   5. ×   6. ×   7. √   8. ×   9. ×   10. ×

四、业务计算题

银行存款余额调节表　　　　　　　　　　　　　　　　　　　单位：元

银行存款日记账余额	162 000	银行对账单余额	153 200
加：企业未收银行已收	③20 200⑥16 000	加：企业已收银行未收	②46 000
减：企业未付银行已付	①1 000⑤800	减：企业已付银行未付	④2 800
调整后余额	196 400	调整后余额	196 400

参 考 文 献

1. 李海波. 新编会计学原理——基础会计 [M]. 上海：立信会计出版社，2019.
2. 李海波. 新编会计学原理——基础会计习题集 [M]. 上海：立信会计出版社，2019.
3. 纪映红，周赟，刘利群. 基础会计 [M]. 北京：经济科学出版社，2011.
4. 董必荣，黄中生. 会计学学习指导与习题集 [M]. 北京：高等教育出版社，2018.
5. 中华人民共和国财政部. 企业会计准则 [M]. 北京：经济科学出版社，2020.
6. 纪映红，王通. 会计学原理 [M]. 北京：经济科学出版社，2016.
7. 企业会计准则编审委员会. 企业会计准则案例讲解 [M]. 上海：立信会计出版社，2020.
8. 徐泓. 基础会计学 [M]. 北京：中国人民大学出版社，2014.